KB130667

초서

抄書

독서법

초서 抄書

독서법

김병완 지음

청림출판

한 그루의 나무가 모여 푸른 숲을 이루듯이
청림의 책들은 삶을 풍요롭게 합니다.

무언가 위대한 것을 이루려면
그 전에 자신의 교양을 높이 쌓아야 하는 법이고,
그 길을 가는 데 가장 빠른 길이 바로 독서다.

| 괴테 |

세상에서 가장 강력한 독서법

"어떤 독서법이 최고인가요?"

독서법 특강에서, 심지어 퀀텀 독서법 강의에서도 가장 많이 받는 질문이다. 누가 이런 질문을 하면 나는 0.1초도 망설이지 않고 이렇게 대답한다.

"역사상 최고의 독서법은 바로 초서 독서법입니다. 하지만 독서법은 한 가지만 익혀선 절대 안 됩니다. 우리가 만나야 하는 책들이 너무나 다양하기 때문입니다. 어떤 책은 닭과 같고, 어떤 책은 소와 같고, 또 어떤 책은 말과 같고, 다른 어떤 책은 용과 같습니다. 한 가지 독서법으로는 이런 다양한 책을 모두 감당할 수가 없습니다.

도서관에 가면 그 방대한 책을 최대한 많이 빨리 읽고 싶어집니다. 그때 필요한 독서법이 바로 퀀텀 독서법입니다. 하지만 그것만으로는 부족한 것이 사실입니다. 퀀텀 독서법이 대충 적당히 읽는 독서법이란 뜻이 아닙니다. 책 내용을 제대로 이해하면서 읽는 독서법임은 틀림없습니다.

그러나 어떤 책은 한두 번 읽어도 충분하지만, 또 어떤 책은 깊게 통찰하고 사색하면서 제대로 읽고 싶기도 합니다. 이때 필요한 것이 초서 독서법입니다.

초서 독서법은 독서 무능력자인 저를 벼랑에서 구해준 고마운 독서법이기도 합니다. 초서 독서법이 저를 독서 고수로 성장시켰고, 그 덕에 퀀텀 독서법을 만들 수 있었습니다.

다만 아무리 좋은 독서법이 있다고 해도 적당히 읽으면 독서력이 향상되지 않습니다. 세상에는 공짜가 없습니다. 저는 엉덩이에 욕창이 생겨 피가 날 정도로 지독하게 독서한 덕분에 3년간 많은 책을 읽을 수 있었습니다. 여유를 부리고 적당히 쉬면서 읽었다면 아무리 온종일 도서관에 있었다고 해도 하루에 한 권도 제대로 독파하지 못했을 겁니다."

삼성에서 휴대폰 연구원으로 일할 때는 책을 많이 읽지 못했다. 나는 그저 책 읽을 시간이 없어서라고 생각했다. 그래서 회사에 사표를 던지고, 하루 종일 책만 보기 시작했다. 천 일 독서를 시작한 것이다.

그런데 8개월쯤 뒤, 어떤 사실을 깨닫고 엄청난 충격에 빠졌다.

'나는 사실 독서를 제대로 할 줄 모르는구나. 이런 사실을 나이 마흔이 다 돼서 비로소 알게 되다니, 너무 부끄럽다.'

책의 바다에 제대로 빠지고 나서야 비로소 내 독서력이 얼마나 형편없는지 깨달았다. 책 한 권도 제대로 읽고 이해하지 못했다. 그런데도 밑 빠진 독에 물을 붓는 것처럼 8개월 동안 책만 들고 있었던 것이다. 그렇게 읽고 또 읽었는데도 독서력이 좀처럼 나아지지 않다니, 너무나 큰 충격을 받고 좌절에 빠졌다.

당시 《1시간에 1권 퀀텀 독서법》처럼 확실한 스킬이나 훈련법을 소개한 책이 있었다면 좋았겠지만, 아무리 찾아도 도움이 되는 책을 발견할 수 없었다. 대신 나를 벼랑에서 끌어올려준 독서법과 만났다. 그것이 바로 '초서 독서법'이다.

초서 독서를 시작하자 조금씩 책 내용이 머릿속에 차곡차곡 쌓이는 느낌이 들었다. 그러면서도 하루에 열 권 이상을 독파했다. 결국 초서 독서 덕분에 나는 작가가 되고, 한 회사의 대표가 되고, 꿈을 이루는 데 성공했다.

조금 늦은 감이 있지만, 초서 독서의 비밀과 위대함을 보다 많은 이에게 소개하고자 이 책을 쓴다.

초서 독서법은 뇌과학, 심리학, 교육학이 주장하는 가장 효과적인 교육법을 모두 내포한 최고의 독서법으로, 다산 정약용을 비롯해 세종, 레오나르도 다빈치, 니콜로 마키아벨리, 정조, 마오쩌둥을 천재로 만들었다. 이 엄청난 독서법을 전 세계 역사를 통틀어 가장 잘 활용한 이들이 우리 선조들이고, 그중에서도 가장 탁월한 이가 바로 조선의 선비 정약용이다.

그런데 정약용, 세종, 정조를 비롯해 우리 선조들이 평생 실천해 자신을 높은 경지로 끌어올린 이 기적의 독서법을 제대로 다룬 책이 단한 권도 출간된 적이 없다니 놀랍기만 하다. 심지어 일부 독서법 전문가들은 그 진가와 가치를 폄하하기도 한다. 내가 쓴《김병완의 초의식 독서법》이 유일한 초서 독서법 안내서로, 그 덕에 책이 출간된 2014년에는 국립중앙도서관에서 가장 많이 읽힌 자기계발 분야 도서 1위를 차지하기도 했다.

퀀텀 독서법이 수평 독서, 양의 독서라면 초서 독서법은 수직 독서, 질의 독서다. 독서에는 양과 질 모두 필요하다. 이 둘을 병행해야 한다. 딱 한 가지 독서법으로는 절대 온전한 독서를 할 수 없다. 세상에는 온갖 종류의 책이 어마어마하게 있다. 책에 따라, 내용에 따라, 상황에 따라 여러 가지 독서법을 자유자재로 활용해 책을 읽을 수 있는 사람이 독서 고수, 독서 천재다. 그런 점에서 수평 독서인 퀀텀 독서법과 수직 독서인 초서 독서법, 이 두 가지 독서법을 제대로 배우고 익힌 사람은 더 이상 책을 읽을 때 스트레스를 받지 않을 뿐 아니라 독서로 평생 성장해나갈 수 있을 것이다.

퀀텀 독서법은 속독법이 아니다. 속독(9,000cpm 이상)보다는 3배 정도 느리고, 대한민국 평균 독서 속도(700~900cpm)보다는 3배 이상 빠른 독서법이다. 퀀텀 독서법은 무작정 속도에만 집착하는 독서법이 아니다. 제대로 이해하면서 느리지 않게 읽는 독서법이며, 그렇게 하기 위해서 뇌 훈련을 통한 인지 기능 향상에 목표를 둔 전뇌 독서법이다.

초서 독서법은 읽은 내용을 이해하고 소화하는 데 그치는 게 아니라, 비판적 사고와 변증법적 사고를 추가하고, 손을 이용해 뇌를 자극하고 훈련시켜 더 차원 높은 사고 훈련을 하게 해주며, 동시에 자신만의 노트에 세상에 유일한 자신의 생각과 지식을 기록함으로써 글을 짓는 독서법이다. 초서 독서법으로 6개월 독서를 하고 나면 누구나 책을 쓰는 작가가 쉽게 될 수 있는 이유다. 지식과 정보를 습득해 이해하고 소화하는 독서법에서 한참은 더 나가서, 어제의 책을 오늘 읽고 내일의 새로운 지식과 견해를 만들어내는 독서법이기에 법고창신法古創新의 독서법이라 할 수 있다.

정약용은 복잡하게 얽힌 방대한 지식과 학문을 초서 독서법으로 일목요연하게 정리하고, 새로운 지식으로 재창조해낸 법고창신의 대가였다. 백성에게 이롭고, 국가 경영에 유익하고, 세상을 구할 이론을 담은 책 500여 권이 세상에 나올 수 있게 된 이면에 초서 독서법이 자리하고 있는 것이다.

여기에 초서 독서법의 본질, 탁월함이 있다. 많은 사람이 독서할 때 옛것을 배우고 익히는 데만 집중한다. 그런데 초서 독서법은 새로운 것을 발견하고, 읽는 이만의 새로운 지식과 견해, 주관을 만들어가는 데 중점을 둔다.

마키아벨리 역시 초서 독서법으로 법고창신에 성공한 대표적인 인물이다. 그는 집이 가난해 정규 대학 교육도 받지 못했음에도 불구하고 중요한 공직에 오르고, 오늘날 '근대 정치철학의 아버지'라고 불린다. 그 비결이 바로 초서 독서법에 있다. 그는 티투스 리비우스Titus Livius의 《로마사Ab Urbe Condita Libri》를 읽고 《로마사 논고Discorsi sopra la prima Deca di Tito Livio》를 써냈다. 《군주론 Il Principe》이란 위대한 고전 역시 매일 밤 수많은 고전을 읽고, 그 고전들과 대화를 나눈 내용을 초서해 쓴 책이다.

초서 독서법은 단순한 독서법이 아니다. 최고의 학습법이자 최고의 집필 훈련법이며 동시에 책을 쓰는 그 과정 자체다. 읽기만 하는 단계에서 벗어나 읽고 나서 반드시 새로운 무언가를 창조하는 것, 이것이 바로 초서 독서법의 목적이자 근본이다.

안타깝게도 많은 사람이 초서 독서법을 오해한다. 단순히 읽고, 중요한 내용을 발췌해 적는 것이라고 생각한다. 그러나 사실 초서 독서법은 여러 단계로 구성된 복합적인 활동의 집합체이자 하나의 프로젝트다. 읽기라는 행위 속에는 '생각하기, 비판하기, 통합하기, 융합하기, 메타인지하기'가, 쓰기라는 행위 속에는 '인출 작업하기, 정교화 작업하기, 창조하기, 요약 정리하기' 등이 포함된다.

게다가 초서 독서법은 퀀텀 독서법과 마찬가지로 뇌과학에 그 뿌리를 두고 있다. 《손자병법孫子兵法》에도 '지피지기 백전불태知彼知己 百戰

不殆'라는 말이 있지 않은가? 상대를 알고 나 자신을 잘 알아야 전쟁에서 위태롭지 않고 승리할 수 있다.

독서도 다르지 않다. 책과 독서법만 연구한다고 해서 독서 고수가되는 것이 아니다. 무엇보다 우리 자신, 즉 인간의 뇌와 인지 학습 능력을 제대로 알아야 한다. 신이 인간에게 준 선물이 뇌고, 그 뇌를 외부로 확장시킨 것이 손이다. 초서 독서법은 바로 그 손을 활용한 독서법이다.

나는 천 일 독서 기간 중 처음 8개월 동안은 눈으로만 책을 읽었다. 아무것도 얻지 못했고, 그 어떤 변화나 성장도 없었다.

그 원인이 대체 뭐였을까? 바로 우리 뇌에 망상활성계Reticular Activating System, RAS가 존재하기 때문이다. 우리가 1초 동안 받아들이는 시각적, 청각적 정보는 엄청나게 방대하다. 눈에 담긴 모든 정보를 담으려 한다면 뇌는 곧 쓸데없는 정보들로 가득 차고, 효율이 급격하게 떨어질 것이다. 그래서 뇌는 정보에 등급을 정해 단기기억과 장기기억으로 나눠 머릿속에 저장한다.

만약 책을 눈으로만 읽으면 단기기억으로 분류될 가능성이 높다. 반면 손을 쓰는 초서 독서와 뇌를 쓰는 퀀텀 독서는 장기기억이 될 확률이 매우 높다. 그리고 초서 독서는 퀀텀 독서보다 기억력과 집중력에 더 강하다.

　많은 책을 빨리 읽을 수 있는 퀀텀 독서법으로 자신에게 도움이 될 책과 안 될 책을 가려내고, 초서 독서법으로 그 깊이를 더한다면 누구나 강력한 독서력을 익힐 수 있을 것이다.

|차례|

1부   초서 독서법이란 무엇인가

1장 | 초서 독서법이 필요한 이유

3장 | 뇌와 인생을 바꾸는 초서

4장 | 최고의 공부법, 초서

2부 　 초서 독서법 제대로 배우기

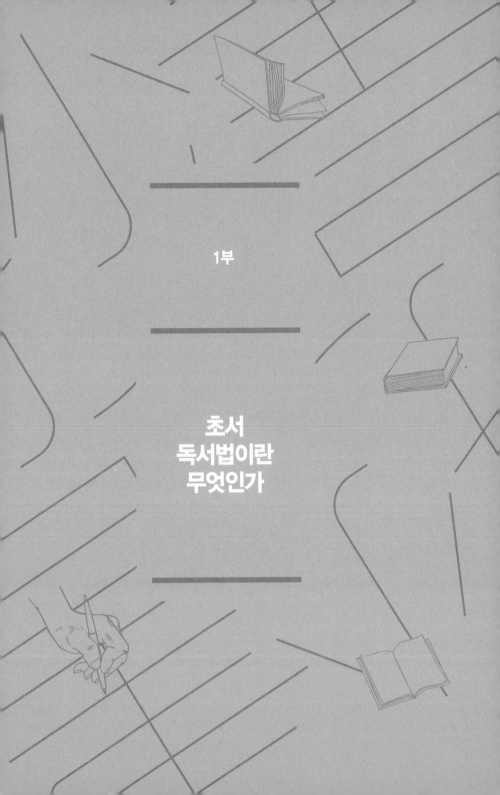

1부

초서
독서법이란
무엇인가

초서 독서법이 필요한 이유

초서 독서법은 간단한 독서법이 아니다

> 읽기는 쓰기의 기초이며 쓰기는 읽기의 연장이다. 읽기와 쓰기는 본래 하나이며 서로 보완하는 개념이다. 양쪽 모두 균형 있게 공부해야 좋은 성과를 거둘 수 있다. ─마크 트웨인Mark Twain

나는 독서법을 평가할 때 다음 세 가지를 기준으로 삼는다.

첫째, 객관적이며 과학적으로 효과를 설명할 수 있는가?
둘째, 어느 정도의 노력으로 누구나 실천 가능한가?

셋째, 실제로 누군가가 적용해 비범한 결과를 만들어냈는가?

내가 지금까지 접한 수많은 독서법 중 이 세 가지 기준에 가장 완벽하게 부합한 것을 꼽으라고 한다면 단연 초서 독서법이다.

우리 선조 중 책을 가장 많이 저술한 사람은 바로 다산 정약용과 혜강 최한기다. 이 두 사람 모두 초서 독서법을 평생 실천한, 위대한 독서 고수이자 독서 천재다. 나는 이들이 천재로 태어난 것이 아니라 초서 독서법을 실천함으로써 위대한 업적을 세울 수 있었다고 생각한다. 또한 세종, 마오쩌둥, 레오나르도 다빈치, 마키아벨리를 위대한 인물로 만들어준 것 역시 초서 독서법이라고 생각한다.

이미 독서를 잘하는 독서 천재였기 때문에 초서 독서를 한 것이 아니다. 이들 모두 초서 독서법을 알게 모르게 실천하고, 삶에 적용했기 때문에 평생 성장할 수 있었고, 그 결과 위대한 업적을 남긴 위인이 된 것이다.

누군가 이렇게까지 자신하는 이유나 근거가 어디에 있느냐고 내게 반문할지도 모르겠다. 가장 확실한 근거는 내 체험이다. 초서 독서법을 연구하고 실천하다 보면 정말 많은 변화와 성장을 몸과 마음으로, 온 정신으로 확실하게 느낀다.

많은 이가 초서 독서법을 초등학생이 쓰는 독후감이나 요즘 흔한 서평을 쓰는 것과 혼동한다. 하지만 초서 독서법은 이것들과 차원이 다르다. 책을 읽고, 그 내용을 이해하고, 중요한 내용을 기록하는 것은 초서의 일부에 불과하다.

초서 독서법은 '다섯 단계로 이루어진 매우 신중하게 계획된 심층 독서 훈련법'이다. 다섯 단계는 다음과 같다.

> 1 | 입지 立志 _ 주관 의견
> 2 | 해독 解讀 _ 읽고 이해
> 3 | 판단 判斷 _ 취사선택
> 4 | 초서 抄書 _ 적고 기록
> 5 | 의식 意識 _ 의식 확장

이제 한 단계씩 살펴보자.

초서 독서법 = 읽기 + 생각하기 + 쓰기 + 창조하기

첫 번째, 입지 단계는 근본을 확립하는 독서 전 준비 단계다. 정약용은 다음과 같이 말했다.

독서를 하려면 반드시 먼저 근본을 확립해야 한다.

실제로 무작정 책을 읽기보다 '미리 보기'를 하면 독서 속도도 빨라지고, 내용도 더 잘 이해할 수 있다. 이렇게 미리 보기를 하면서 자신의 주관과 의견을 살피고, 자신의 근본을 확립하는 단계가 바로 입지 단계다.

두 번째, 해독 단계는 실제로 책을 읽고 그 내용을 이해하면서 뜻과 의미를 찾는 단계다. 보통 사람들이 말하는 독서가 이 단계에 해당된다. 단 담벼락을 보듯 허투루 하는 것이 아니다. 심혈을 기울여야 한다.

정약용은 〈시경강의서詩經講義序〉에서 다음과 같이 말했다.

> 독서는 뜻을 찾아야 한다. 만약 뜻을 찾지 못하고 이해하지 못했다면 비록 하루에 천 권을 읽는다고 해도 그것은 담벼락을 보는 것과 같다.

세 번째, 판단 단계는 생각하는 단계다. 이 단계에서는 읽은 내용을 수동적으로 수용하는 것이 아니라, 능동적으로 따지고 헤아리고 비판하고 저울질한다. 널리 고찰하고 자세히 살펴 그 의미를 찾아낸다. 나아가 자신의 뜻과 비교해 판단하여, 이를 기준으로 취할 것은 취하고 버릴 것은 버린다.

> 내가 몇 년 전부터 독서에 대해 자못 깨달은 바가 있는데 헛되이 마구잡이로 읽으면 하루에 백 권, 천 권을 읽어도 오히려 읽지 않음과 같다. 모름지기 독서란 한 글자라도 뜻을 이해하지 못하는 곳을 만나면 널리 고찰하고 자세히 살펴 그 근원을 찾아내야만 한다. — 〈둘째에게 부침寄游兒〉

초서의 방법은 먼저 자신의 생각을 정리한 후 그 생각을 기준으로 취할 것
은 취하고 버릴 것은 버려야 취사선택이 가능하다. - 〈두 아들에게 답함答二兒〉

이 단계에서 많은 것을 생각하고, 궁리해야 한다. 읽기만 하고 생각
하지 않으면 위험하고, 생각만 하고 읽지 않아도 문제가 있다.

네 번째 단계는 초서 독서법의 핵심인 초서 단계다. 물론 책을 읽으
면서 좋은 부분이나 큰 교훈, 핵심, 기록이 필요한 부분 등을 적을 수
도 있다. 하지만 이는 초서라고 할 수 없다. 읽기와 생각하기가 끝난
뒤에 비로소 손으로 기록하는 초서가 시작된다.

기록하는 것이 왜 중요할까? 초서하면 그 내용이 뇌에 각인되기 때
문이다. 즉 초서해야 뇌가 더 활성된다. 다섯 단계 중 가장 중요하기
때문에 독서법의 이름도 '초서'인 것이다. 만약 판단 단계가 가장 중요
하다면 '초서 독서법'이 아니라 '판단 독서법'이 됐을 것이다.

초서는 세 번째 단계에서 생각하고 판단한 결과에 따라 선택한 문
장과 자신의 견해를 노트에 기록하는 것이다. 초서 독서법이 단순히
기록하는 독서법이 아닌 이유가 여기에 있다. 깊이 생각하고 궁리하
면서 취사선택하는 과정을 거치고 난 결과물이기 때문이다.

마지막 다섯 번째 단계는 지금까지 읽고 생각하고 쓴 모든 것을 통
합해 자신만의 새로운 견해, 의식, 지식을 창조하는 단계다. 즉 의식
을 확장하는 단계다. 이 의식 확장 단계에서 강조하는 기법이 바로 자
신의 생각에 대한 생각, 즉 메타인지 재학습이다.

이는 기존의 그 어떤 독서법에도 없는 과정이며, 그 어떤 학습법도 따라 할 수 없는 깊이 있는 학습 과정이다. 기존 독서법이나 학습법과는 차원이 다른 심층 이해 과정이며, 더불어 현대 교육학에서 강조하는 메타인지 학습법이 포함된 심화 인지 단계이자 심층 학습 과정이다.

책 내용만 수동적으로 이해하는 것에서 벗어나 책 내용과 자신의 견해를 저울질하는 판단 단계와 그 모든 내용을 기록하는 초서 단계를 거친 뒤에야 비로소 자신의 지식에 대해 자신의 견해에 대해 생각하는 메타인지 심층 학습 과정이 바로 의식 확장 단계다. 책 내용이 아닌 자기 자신의 근원과 뜻을 거듭 찾아내고 독서 범위를 확장해 심층 학습을 하는 것이다.

독서는 뜻을 찾아야 한다.
그 근원을 찾아내야만 한다.
— 〈둘째에게 부침〉

정약용이 강조한 것은 독서가 아니었다. 독서를 통해 반드시 뜻을 찾아내고, 그 근원을 찾아내는 것이었다.

여기서 '뜻', '그 근원'이란 무엇일까? 책의 내용을 토대로 비판하고 생각해서 결국 자신의 주관과 의견을 확장해 제대로 된 자신의 의식을 이야기하는 것이라고 나는 생각한다. 그래서 정약용은 비록 하루에 천 권을 읽는다 해도 뜻을 찾지 못한다면 그것은 담벼락을 보는 것과 다름없다고 강조했던 것이다.

　초서 독서법은 책을 읽고 이해하는 단계에 머물지 않고, 그 범위를
훌쩍 뛰어넘는 독서법이다. 독서법이라기보다 학습법이라고 해도 될
정도다. 실제로 심층 이해 학습법이 포함돼 있으니 말이다.
　초서 독서법은 책을 읽고 생각하고 판단하고, 이 모든 것을 직접 손
으로 적어 기록하는 과정까지 포함하고 있다. 여기까지만 해도 매우
과학적이고 효율적인 좋은 독서법인데, 우리가 상상도 하지 못한 과
정까지 포함돼 있다. 바로 현대 교육학에서 강조하는 메타인지 학습
법이다.
　결론적으로 초서 독서법은 자신의 생각과 주관의 변화에 대해 그
근원을 찾아 파헤쳐 기록하고 성찰한 후, 이 모든 과정을 통합해 새로
운 견해와 지식을 창조해내는 독서법이라고 할 수 있다.

초서의 다섯 가지 놀라운 비밀

　초서 독서법에 포함돼 있는 현대 교육학적 요소와 뇌과학적 요소를
살펴보면 더욱 놀라운 사실을 알게 된다. 초서 독서법에 포함된 다섯
가지 비밀을 살펴보자.
　첫째, 메타인지 학습법이 포함돼 있다. 다섯 단계 중 1단계와 5단계

에 현대 교육학에서 강조하는 메타인지 학습법이 포함돼 있다. 그렇기 때문에 책 내용을 더욱 심층적으로 잘 이해할 수 있을 뿐 아니라 한 권을 읽어도 엄청난 독서 효과가 있는 것이다.

둘째, 뇌과학에서 장기기억을 강화하는 최고의 학습법이라 일컫는 인출 작업과 정교화 작업이 포함돼 있다. 공부한 내용이나 책 내용을 기억하기 위해서는 그것들이 장기기억으로 자리를 잡아야 한다. 우리 뇌가 장기기억을 하는 가장 좋은 조건과 방법이 인출과 정교화 작업이다. 그런데 그 어떤 독서법에도 이런 인출 작업과 정교화 작업이 포함된 적이 없다. 오직 초서 독서법에만 인출과 정교화 작업이 포함돼 있다.

셋째, 뇌과학에서 중요시하는 손을 사용하는 독서법이다. 책을 읽으면서 자신의 견해, 소신, 책 내용 등을 손으로 적어 기록하면 기억하는 데도 도움이 될 뿐 아니라 뇌에 각인되어 뇌가 활성화된다. 뇌 회로가 재구성되고 바뀌기까지 한다. 다시 말해 손을 사용하면 뇌가 바뀐다. 초서 독서법은 뇌를 바꾸는 독서법인 것이다.

넷째, 책을 눈으로만 보지 않고 직접 손으로 쓰면서 읽기 때문에 집중력·이해력·사고력을 향상시켜준다. 따라서 책 내용을 더 많이 이해하고, 더 빨리 읽을 수 있게 해주는 독서법이다. 머리로 생각하고 손으로 쓰고 뇌로 통합하는 등 여러 단계를 거치면서 독서 속도뿐 아니라 책 내용을 이해하는 데도 큰 도움을 준다. 초서는 책을 전체적으로 살펴보게 하면서 동시에 깊이 있게 통찰하게 해 '질의 독서'를 할 수 있게 해준다. 초서 독서법이 몸에 익으면 하루에 열 권도 읽을 수 있는 이유가 여기에 있다.

다섯째, 초서 독서는 독서법의 차원을 뛰어넘어 훌륭한 학습법이기도 하다. 전공 서적을 공부할 때 가장 좋은 학습법이 바로 초서 독서법이다. 왜일까?

미국행동과학연구소National Training Laboratory, NTL에서 가장 효율적인 공부의 형태를 실험했다. 두 그룹으로 나눠 한 그룹은 소극적으로 지식을 암기하고 듣기만 했고, 다른 한 그룹은 공부한 내용을 잘 정리해 다른 사람에게 설명했다. 24시간 뒤 머릿속에 지식이 얼마나 남았는지를 조사했는데, 전자는 5퍼센트밖에 남지 않은 반면 후자는 95퍼센트나 남았다.

이러한 공부의 특성을 가장 잘 활용한 민족이 바로 유대인과 핀란드인이다. 이들의 공부법을 잘 연구해보면 왜 이들이 세계에서 최고로 똑똑한 민족인지를 알 수 있다.

유대인 공부법의 핵심은 질문과 논쟁에 있다. 뒤에서 자세히 다룰 예정으로, 여기서는 이렇게만 설명해두겠다.

경제협력개발기구OECD에서는 3년에 한 번씩 전 세계 학생의 학업 성취도를 조사하는데, 핀란드는 여기서 매번 1~2위를 차지한다. 핀란드에는 우리나라처럼 학원, 과외, 보충 수업, 숙제, 시험 등이 거의 없다. 선생님이 일방적으로 세운 커리큘럼에 맞춰 아이들을 지도하지 않는다. 아이들 스스로 스터디 그룹을 만들고, 우등생이 자발적으로 다른 아이들을 가르친다. 아이들 각자가 자신에게 가장 맞는 공부법을 찾아 학습 계획을 세우고 능동적으로 공부한다. (더 자세한 내용이 궁금하다면 졸저 《공부에 미친 사람들》을 한번 읽어보길 바란다.)

초서 독서법에도 자신의 지식을 점검하고, 책 내용에 비춰 스스로 질문을 던지고, 그 대답을 재점검하고, 성찰하는 과정이 있다. 뭔가를 주입식으로 달달 외우고 평가받는 한국식 공부가 아니다. 1단계 입지 단계에서 스스로의 뜻과 목표를 정하고, 3단계 판단 단계에서 책 내용을 토대로 자신만의 생각과 견해를 변증법적 사고로 확장시켜나가며, 4단계 초서 단계에서 그렇게 얻은 새로운 지식과 견해를 정리해 확립시키고, 5단계 의식 단계에서 누군가에게 설명하듯 글로 기록한다. 그야말로 최고의 공부법이라 할 수 있다. 특히 초서 독서법 3단계 과정은 유대인이 질문을 던지고 논쟁하면서 공부하는 것처럼, 스스로 질문하고 논쟁하고, 취사선택해 새로운 지식을 창출해나간다.

다산 정약용도 초서 독서법으로 비범한 성과를 만들어냈다. 정약용이 남긴 글을 보면 그가 가장 중요시하고 좋아한 독서법이 바로 초서이고, 그 덕분에 18년 동안 500여 권의 수준 높은 책을 저술했음을 알 수 있다. 그래서 두 아들에게 초서 독서법을 가장 강조했을 것이다.

대부분 사람이 독서를 못하는 한 가지 이유

사람들 대부분은 읽는 방법을 배우는 데 오랜 시간이 걸린다는 사실을 모른다. 나는 80년이 걸렸고, 지금도 완전하다고 말할 수 없다. ― 괴테

천재 괴테가 이런 말을 하다니, 괴테 같은 천재가 80년이 걸려도 완벽하게 할 수 없었다는 독서를 평범한 우리는 몇 년이 걸려야 잘할 수 있을까?

중요한 것은 몇 년이 걸리는지가 아니라, 어떻게 하냐는 것이다. 볼테르Voltaire도 사람들이 책을 너무 못 읽고, 많이 읽지 않으며, 대부분 잘못된 독서를 하고 있다는 말을 했다고 한다. 우리는 왜 이렇게 독서를 못하는 것일까? 뇌과학적인 측면에서 해답을 발견할 수 있다. 물론 독서를 적게 하고 안 하는 사람은 말할 것도 없지만, 평생 독서를 했던 사람 중에서도 독서를 매우 잘하는 숙련된 독서가 수준으로 발전하지 못하는 이가 대부분이라는 점을 나는 5년 동안 3,000명을 대상으로 독서법 수업을 하면서, 그들의 독서력에 대한 데이터를 확보하고 분석했기 때문에 잘 알고 있다.

대한민국 성인의 평균 독서력을 분당 글자 수로 분석해보면 얼마나 될까? 3,000명의 성인을 토대로 분석했을 때 평균 독서력은 분당 500~900글자 정도다. 책 한 권이 보통 10만에서 15만 글자다. 분당 700글자 정도인 사람이 쉬는 시간도 없이 읽는다면, 꼬박 읽어야 3시

간 이상 걸린다. 그러나 우리는 쉬기도 하고 딴생각도 하는데, 가장 큰 문제는 시간이 지날수록 집중력이 떨어진다는 것이다. 그래서 결국 수치상으로 3시간은 실제로 5시간도 되고, 10시간도 된다.

독서를 잘한다고 할 때 중요한 것은 책을 읽는 속도가 아니라 책의 내용을 얼마나 이해했느냐다. 《정의란 무엇인가》를 10시간 동안 정독해서 읽은 후에 책을 덮고, 과연 저자가 말하는 정의를 한 문장으로 요약할 수 있는 사람이 몇 명이나 될까? 《군주론》을 10시간 동안 정독한 후 마키아벨리의 군주론에 대해서 누군가에게 가르칠 수 있는 사람이 몇 명이나 될까?

《군주론》을 서너 번 정독했다면 최소한 마키아벨리의 군주론에 대해서 자신만의 의견과 주장을 보고서로 작성하거나, 강의안으로 작성할 수 있어야 한다. 그런 사람이 몇 명이나 될까?

숙련된 독서가들은 이러한 재생산·재창조를 할 수 있는 수준의 사람을 말한다. 단순하게 몇 번 읽었고, 몇 권을 읽었는지는 중요하지 않다. 천만 권을 읽어도 내 생각과 의견을 내 글로 정리하지 않으면, 그것은 독서가 끝난 것이 아니다.

한비자의 책을 통독한 후 당신도 마키아벨리처럼 한비자의 제왕이론을 당신만의 생각으로 승화시켜 한 권의 책으로 쓸 수 있어야 한다. 그것이 독서의 완성이다.

독서를 했다고 하면서 쓸 수 없는 사람은 자기기만에 가깝다. 왜냐하면 읽기와 쓰기는 하나와 같은 것이기 때문이다. 내용을 이해하지 못한 채 도능독徒能讀(뜻은 모른 채 읽기만 잘함)만 하는 이들은 절대 쓸 수 없다. 그래서 책을 제대로 읽었는지 안 읽었는지, 사고하면서 치열하게 독서를 했는지 아닌지 알아보는 최고의 방법은 쓰기를 해보는 것이다.

나 역시 눈으로만 독서를 했던 8개월보다 손으로 쓰면서 독서를 한 8주 동안 훨씬 더 많이 독서력을 키울 수 있었다.

속도보다 중요한 이해와 기억을 위한 독서법

초서 독서법은 속도보다 더 중요한 이해를 위한 독서법이다. 물론 책 내용을 이해하는 데서 그치지 않는다. 책 내용을 제대로 이해하도록 돕는 것은 물론이고 생각의 양을 늘리고 깊이를 더해 새로운 견해와 의식을 확립해주고, 의식 확장까지 시켜주는 놀라운 독서법이다.

초서 독서법의 효과와 특징을 정리하면 다음과 같다.

첫째, 생각하게 한다. 그것도 깊고 넓게 통찰하게 한다. 공자는 배우기만 하고 생각하지 않으면 어리석어진다고 했다. 맹자는 생각하면 얻고, 생각하지 않으면 얻지 못한다고 했다. 즉 초서 독서법은 수동적인 이해에서 벗어나 주도적으로 생각하게 해주는 생각 독서법이다.

또한 초서 독서법은 읽고 있는 그 책에 국한하지 않고, 읽는 이의 견해와 의식을 덧붙여 더 넓게 생각하고 판단하여 창조적인 비판을 하게 해주는 독서법이다.

둘째, 신이 준 선물인 뇌를 깨우고 자극하고 훈련시켜주는 전뇌 독서법이다. 손을 움직여 계속 기록하게 함으로써 해마와 대뇌피질이 원활하게 서로 정보를 나누도록 돕는다. 후두엽, 전두엽, 측두엽, 두정엽은 물론이고 전전두엽까지 확장하고 움직이게 한다.

1940~1950년대, 캐나다의 유명한 신경외과 의사였던 와일더 펜필드Wilder Penfield는 대뇌피질이 위치별로 받아들이는 신체감각이 다른 것에 착안해, 신체감각과 대뇌피질을 연결한 '호먼큘러스Homunculus'

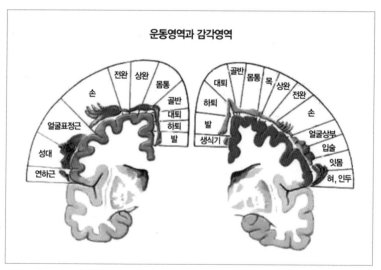

운동영역과 감각영역

(출처: http://kr.brainworld.com/BrainEducation/153 이미지 참고)

라는 뇌 지도를 만들었다. 이 지도를 보면 손과 손가락이 대뇌피질의 감각영역과 운동영역을 가장 넓게 차지하고 있음을 알 수 있다. 결론적으로 손과 손가락을 움직이면 뇌를 광범위하게 자극하고 활동하게 할 수 있는 것이다. 손을 많이 사용하는 악기를 배우면 머리가 좋아지는 이유가 바로 여기에 있다. 젓가락을 사용하는 한국, 일본, 중국 사람들이 세계에서 가장 지능지수가 높은 이유도 여기에 있다.

2009년에는 고려대학교 의과대학 유임주 교수 팀이 손 운동과 뇌 구조의 상관관계에 대한 연구 결과를 발표했다. 한마디로 말하자면, 끊임없이 손을 움직이는 농구 선수와 일반인은 특정 뇌 부위의 크기가 다르다고 한다. 손을 밖으로 나온 뇌라고 하는 이유가 여기에 있다.

결과적으로 초서 독서법으로 책을 읽으면 뇌 전체를 움직이는 것과 같다. 이렇게 뇌 전체가 움직여야 좀 더 심층적으로 내용을 이해할 수 있다. 우리가 책을 눈으로만 읽으면 안 되는 이유가 여기에 있다. 눈으로만 읽으면 뇌의 전체가 아닌 일부분만 움직이고, 결국 책 내용을 부분적·파편적·표피적으로밖에 이해할 수 없다.

또 눈으로만 책을 읽으면 사람마다 편차는 있겠지만, 1시간 뒤에는 책 내용의 50퍼센트 이상을 망각하고 하루가 지나면 80퍼센트 이상을 망각한다. 그러나 초서 독서법으로 책을 읽으면 일주일이 지나도 책 내용을 잊지 않는다. 손을 써서 메모하기 때문이다. 천재들이 하나같이 기록광, 메모광인 이유가 여기에 있다.

이렇듯 초서 독서법은 속도보다 더 중요한 이해와 기억을 위한 독서법이다. 나아가 이해와 기억보다 더 중요한 사고와 통찰력을 위한 독서법이고, 동시에 뇌를 자극하고 깨워 활용하는 전뇌 독서법이다.

읽기가 아니라 쓰기가 인류 역사상 최고의 발명품이다

인간에게 독서는 처음부터 존재했던 능력이나 행위가 아니다. 많은 사람이 이것을 간과한다. 독서를 제대로 파악하거나 분석하지 않고, 그저 누구나 할 수 있는 것이라고 오해를 한다.

인류가 독서를 발명해내고 독서하기 시작한 것은 불과 수천 년에 불과하다. 독서를 통해 인간은 뇌 조직을 재편성했고, 그렇게 재편성된 뇌는 인간의 인지 능력을 극대화했다. 그러나 이런 주장을 할 때 으레 빼먹는 것이 있다. 그것은 읽기에만 치중한다는 점이다. 즉 이렇게 다시 정리할 수 있다.

'책 읽기와 책 쓰기는 인간의 선천적인 능력이 아니다. 인류가 책 읽기와 책 쓰기를 발명해내었고, 인류가 발명한 그 두 가지는 인간의 뇌를 재편성하고, 뇌 기능을 극대화시켰다.'

인류 역사상 최고의 발명품을 독서라고 말하는 사람이 많지만, 사실 독서와 글쓰기는 하나의 세트라고 생각해야 한다. 서로 보완해주는 역할을 제대로 하기 때문이다.

인간만이 가진 능력이 있다. 인간의 뇌는 기존의 구조와 편성 안에서 새로운 연결과 구조를 후천적으로 만들어낼 수 있는 능력이 있다. 이런 후천적이고 핵심적 뇌의 특성인 경험에 따라 구조와 연결을 바꿀 수 있는 능력과 특징을 뇌과학자들은 뇌가소성Neuroplasticity이라는 간단한 단어로 설명하고 있지만, 그렇게 한 단어로 설명하기에는 턱없이 부족한 인간 뇌의 능력을 우리는 간과하면서 살아오고 있다. 독서에 대해서 그런 것처럼 말이다.

인류 역사상 최고의 발명품은 엄밀하게 말해 읽기가 아니라 쓰기다. 읽기에 가려 빛을 보지 못하고, 인정받지 못한 쓰기에 대해서 이제는 눈을 떠야 한다.

쓰기는 읽기를 완성하는 유일하고 강력한 단 하나의 행위이며 도구다. 이러한 쓰기의 위력과 가치를 100퍼센트 활용하는 것이 초서 독서법이다. 다음 마크 트웨인의 말을 명심하자.

> 읽기는 쓰기의 기초이며 쓰기는 읽기의 연장이다. 읽기와 쓰기는 본래 하나이며 서로 보완하는 개념이다. 양쪽 모두 균형 있게 공부해야 좋은 성과를 거둘 수 있다. ─마크트웨인

책을 너무 적게 읽어도 문제다. 부족하지 않을 정도의 다독을 하는 것이 기본이다. 그래서 양의 독서인 퀀텀 독서가 필요하다. 그러나 양

이 많다고 해서 독서했다고 함부로 말할 수 없다. 양의 독서와 더불어 질의 독서인 초서 독서를 해야 한다. 양과 질 모두 중요하다. 이 말을 오해하는 독자가 많다. '많이 읽고, 깊게 읽어라'라는 말이기도 하지만 더 깊은 뜻은 그것이 아니다. 단 한 권의 책을 읽어도 여러 번 읽고, 여러 번 쓰면서 깊게 생각하고 또 생각하라는 말이다.

이런 독서를 하기 위해 꼭 필요한 것이 손과 쓰기다. 손으로 쓰지 않으면서 독서를 다 했다고 말해서는 안 된다.

필사하지 말고 초서하라

눈으로만이 아니라 손을 사용해 독서하라는 것은, '그게 더 좋다' 정도의 이야기가 아니라 반드시 그렇게 해야 한다는 수준의 문제다. 그런데 사람들이 오해하는 것이 있다. 바로 필사다. 필사와 초서를 두고 자주 헷갈리는데 그 둘은 전혀 다른 것이다. 그럼 필사를 하는 것과 초서를 하는 것 중 어느 것이 좋을까? 초서 전문가여서 당연히 초서의 손을 들어주는 것이 아니다. 초서가 필사보다 몇 배 이상 효과적이고 강력한 독서 기술이기 때문이다. 여기에는 세 가지 이유가 있다.

필사보다 초서를 해야 하는 세 가지 이유 중 첫 번째는 독서의 가장 큰 원칙은 생각을 하는 것이고, 생각을 많이 하게 해주는 독서 기술이 가장 효과적인 독서법이기 때문이다. 책의 내용을 그대로 필사하는 것은 아무래도 생각을 폭넓게 하는 데 한계가 있다. 그냥 그대로 따라 쓰면 되기 때문이다. 이에 반해 초서는 책의 내용을 그대로 따라 적으면 되는 것이 아니라, 가장 중요하고 핵심이 되는 내용을 가려 뽑아야 한다. 가려 뽑기 위해서는 취사선택을 해야 하고, 비교와 동시에 통합적인 사고를 해야 한다. 많은 생각을 하게 해주는 독서법이 초서 독서법이라는 이야기다.

두 번째는 효율성의 문제 때문이다. 독서 천재들은 글자 하나하나에 매몰되지 않는다. 그래서 퀀텀 독서법이 필요하다. 한 글자 한 글자를 읽어서는 절대 독서 천재가 될 수 없고, 독서를 즐길 수도 없다. 책 한 권을 모두 필사하는 것은 너무나 비효율적이다. 이런 문제에 가장 좋은 해결책이 초서다.

세 번째는 독서의 기능적인 측면 때문이다. 한 권을 필사하는 것보다 여러 권을 초서한다면 더 넓고 깊이 있는 사고방식을 갖게 되고 자신만의 세계관을 확립하는 데 도움을 줄 수 있다. 물론 정답은 없다. 자신에게 더 도움이 되는 방법을 선택해서 하면 된다. 독서의 순기능 중 하나는 자기 세계의 확장이다. 우물 안과 같은 자신의 작은 세계에서 문을 박차고 나가 더 큰 세상의 사람들과 조우해야 한다. 수많은 사람을 만날수록 좋다. 한 권의 책은 하나의 우물이고 세계다. 그렇다면 한 권보다는 두 권이 좋고, 두 권보다는 세 권이 좋다. 다독, 그리고 초서가 중요한 이유다.

플루타르코스Plutarchos의 《영웅전Bioi Paralleloi》을 읽어보지 않은 사람들은 국가의 제도, 법률을 뛰어넘어 생각할 수 없다. 이 책에 나오는 리쿠르고스Lykurgos라는 인물의 삶과 또 지금 이 시대와 확연히 다른 사회 제도와 법률을 통해, 한 국가와 사회에 대해 통찰할 수 있는 의식과 시각이 넓어지는 경험, 더불어 세계가 확장되는 경험을 할 수 있다. 미천한 집안에서 태어나 자랐지만, 로마라는 거대한 도시를 건설한 로물루스Romulus라는 인물의 삶을 통해서도 거대한 나라와 조직을 건설하는 확장된 세계를 꿈꾸고 도전할 수 있다. 물론 어떤 이들에게는 그러한 꿈과 도전이 힘들게 느껴질 수 있다. 그럼에도 한때 세계를 지배했던 로마라는 거대한 제국이 어떻게 시작되었는지를 알고 있는 것과 모르는 것 사이에는 세상을 읽는 안목에서 큰 차이가 생기기 때문에, 현재와 미래를 위해서도 최소한 아는 것이 더 좋다.

인류에게 무의식의 세계를 활짝 열어준 프로이트의 《꿈의 해석》을 읽어 보지 않은 사람들은 무의식에 대한 개념조차 없을 수 있다. 《생각의 탄생》을 읽어 보지 않은 사람은 다빈치에서 파인먼까지 창조성을 빛낸 사람들의 위대한 생각 도구를 배울 기회를 스스로 박탈한 것이다. 하버드대학교 최고의 뇌신경학자가 밝혀낸 완벽한 집중과 몰입을 만들어내는 뇌의 비밀에 대한 책을 읽은 사람은 집중과 몰입을 더 잘할 수 있고, 최소한 시간 낭비를 하지 않을 수 있다. 존 로크의 《교육론》을 읽은 사람은 자녀 교육에 너무나 무지해서 자녀를 망치는 부모가 되는 잘못을 저지르지 않을 수 있다. 책을 읽으면 왜 뇌가 좋아지는지에 대한 뇌과학 책을 읽은 사람은 독서를 결코 소홀히 할 수 없게 된다. 운동이 건강뿐만 아니라 뇌 발달에도 필수적 요소라는 사실에 대한 책을 읽은 사람은 운동에 시간을 더 할애하게 된다.

독서의 기능은 바로 이것이다. 어제보다 더 나은 자신을 만들어가고, 자신의 수준을 높이고, 자신의 세계를 확장하는 것이다. 독서를 하지 않으면 우리는 나와 다른 삶을 살아갔던 사람들, 나보다 훨씬 위대한 삶을 살았던 이들의 삶과 경험을 알 수 없다.

타인의 삶과 경험을 간접적으로 체득하여 자신의 세계와 의식을 확장하고 더 나은 자신을 만들어가는 것이 독서의 기능이라면, 더 많은 책을 읽는 것이 훨씬 유리하다. 그렇다면 필사에는 시간이 너무 많이 걸린다는 문제가 있다. 《영웅전》이나 《생각의 탄생》, 혹은 《한비자》를 필사해보라. 필사하는 투자 시간에 비해 얻는 것이 적고, 이는 결코 작은 문제가 아니다. 인간의 삶은 유한하기 때문이다.

이렇듯 초서는 효과적·효율적·기능적, 이 세 가지 측면에서 필사보다 한 수 위다. 시간을 낭비하지 않고 효과적으로 독서할 수 있게 해주는, 가성비가 좋은 독서 기술이 바로 초서인 셈이다.

현대인들의 독서에서 가장 큰 문제는 사색하는 과정을 통한 뇌의 재편성이 결여되어 있다는 점이다. 독서란 뉴런이 활성화되어 생각을 이끄는 종합적인 행위여야 한다. 생각하지 않는 독서는 일종의 녹음기에 불과하다. 책이 전달해주는 주장과 지식에 독자 자신의 견해와 주장이 더해져야 온전한 독서가 된다. 이런 점에서 필사보다는 초서가 한 차원 더 높은 독서법이라고 할 수 있다.

만 권의 독서보다 한 권의 책 쓰기

어떻게 하면 한 분야의 전문가가 될 수 있을까? 내가 추천하는 방법은 두 가지다. 하나는 그 분야의 책을 천 권 독파하는 것이고, 또 하나는 그 분야에 대한 책을 한 권 쓰는 것이다.

이 두 가지 방법 중 더 확실하게 전문가가 돼 세상의 인정을 받는 것은 어느 쪽일까? 바로 그 분야에 대한 책을 쓰는 것이다. 그 책이 베스트셀러가 되면 그 분야 전문가로 신망을 얻고 귀한 대접을 받게 될 것이다.

어느 분야든 전문가가 되려면 오랜 시간 노력해야 한다. 이것은 불변의 진리다. 하지만 성과나 효과 면에서는 사람마다 다를 수 있다. 똑같이 1만 시간을 노력해도 세계적인 수준으로 도약하는 사람과 그렇지 못한 사람이 있다.

그 차이는 바로 방법에서 기인한다. 전문가가 되기 위해서 무조건 연습만 해서는 안 된다. 신중하게 계획된 제대로 된 심층 연습 방법이 필요하다. 그래서 내가 "만 권의 독서보다 한 권의 책 쓰기가 더 낫다"라고 주장하는 것이다.

초서는 독서와 책 쓰기의 중간 과정이며, 책 쓰기의 예비 과정이라 할 수 있다. 정약용은 '독서─초서─저서'의 과정을 강조했다. 즉 초서는 저서에 이르는 중간 과정이라고 했다. 다리가 없으면 절대로 큰 강을 건널 수 없지만, 다리가 있으면 그 어떤 거대한 강도 쉽게 건널 수 있다. 초서 독서법은 바로 독서와 저서 사이에 놓인 큰 강을 쉽게 건널 수 있게 해주는 다리 역할을 한다.

초서 독서법의 원리와 방법은 책을 쓰는 것과 크게 다르지 않다. 또한 초서를 꾸준히 하다 보면 사고력과 통찰력이 괄목상대할 정도로 급성장한다. 분야를 막론하고 사고력과 통찰력이 높은 사람은 전문가로 도약할 확률이 높다. 이렇듯 초서 독서법은 당신이 한 분야의 전문가로 도약하는 데 큰 도움이 될 것이다.

독서의 시작은 퀀텀 독서법, 완성은 초서 독서법

많은 사람이 독서에 대해 착각하곤 한다. 무엇보다 제대로 책을 읽을 줄도 모르면서 자신의 독서력이 대단하다고 믿는다. 한 달 정도만 도서관에서 살아보라. 책의 깊고 넓은 세계에 빠지면 자신의 독서력이 매우 빈약하고 부족하다는 사실을 깨닫게 될 것이다.

대부분 사람이 독서에 대해 가장 크게 착각하는 세 가지가 있다.

첫째는 제대로 독서하는 방법을 배우는 데 오랜 시간이 걸린다는 사실을 모르고, 그냥 글자만 읽을 줄 알면 독서를 잘한다고 착각하는 것이다. 독서력은 어마어마한 기술이며 능력이다. 특히 독서를 잘하기 위해 필요한 뇌의 인지 기능 수준과 숙련 정도는 상상을 초월한다. 말하기와 듣기는 평소에 훈련되기 때문에 누구나 어느 정도 수준까지 끌어올릴 수 있지만, 읽기와 쓰기는 일상 속에서 쉽게 훈련이 되지 않는다. 책을 많이 읽어보지 않은 사람은 뇌가 독서와 전혀 상관없이 발달해 제대로 된 독서가 무척 힘들고 고달프다.

둘째는 독서가 지식과 정보의 확장이란 착각이다. 독서가 지식과 정보를 확장하는 데 유용한 도구라는 사실을 부인하는 것은 아니다. 하지만 지식보다 더 중요한 것이 사고력과 통찰력이다. 진정한 독서는 사고력을 향상하고 통찰력을 키워준다.

셋째는 무조건 많이 오래 읽으면 독서력이 저절로 향상될 것이라는 어설픈 생각이다. 세상 모든 것은 절대로 저절로 향상되지 않는다. 30년 동안 매일 10시간 이상 밥 먹는 시간 외에는 탁구만 친 아마추어 탁구 동호회 회장이 있다고 하자. 어느 날 탁구 선수 생활을 3년 정도 했던 사람을 만나 시합한다고 할 때, 누가 이길까? 선수 출신인 사람이 압승한 정도가 아니라, 시합 자체가 되지 않는다. 차원이 다른 것이다. 1만 시간의 법칙대로라면 30년이 3년보다 열 배 이상 잘해야 한다. 그런데 왜 30년 동안 탁구를 한 사람이 3년 선수 생활을 한 사람보다 탁구를 못 치는 것일까?

1만 시간의 법칙은 고도로 정교한 훈련과 연습, 그리고 정확한 피드

백을 해주는 코치가 있어야 확실한 효과를 볼 수 있다.

많은 사람이 제대로 된 독서 훈련과 연습 없이, 그저 무작정 시간만 많이 들여 책을 읽는다. 선진국에서는 독서 훈련과 연습뿐 아니라 책 쓰기 훈련도 한다. 하버드대학교 같은 명문대가 아니더라도 무조건 글쓰기를 잘해야만 대학에 입학할 수 있다. 책 읽기와 책 쓰기의 수준이 우리와 다르다.

초서 독서법은 5단계 과정을 통해 정교화된 훈련과 연습을 혼자서 할 수 있도록 했다. 초서 독서법은 정교하게 의도된 사고 훈련을 단계적으로 돕는다.

무턱대고 생각만 많이 하는 사람은 자신의 뇌 회로에 갇혀 우물 안 개구리처럼 위험해질 수 있다. 반대로 책을 많이 읽고 배웠더라도 생각하지 않으면 어리석어진다. 읽기와 생각하기, 이 두 가지를 모두 많이 하고 잘해야 한다. 그런 점에서 초서 독서법은 반드시 필요한 독서법이다.

그런데 이런 초서 독서법에도 단점이 있다. 도서관에 있는 수많은 책 중 어떤 책이 자신에게 유익하고 도움이 되는 좋은 책인지 빠르게 알 수 없다는 점이다. 도서관에 가서 손에 잡히는 대로 초서 독서를 하면 밑도 끝도 없는 독서가 될 수 있다. 그렇기 때문에 퀀텀 독서법으로 먼저 수많은 책을 섭렵하고 독파한 다음 그중에서 자신에게 더 유익한 책들을 선별해 초서 독서를 해야 한다.

나는 도서관에 가면 먼저 열 권 정도를 가볍게 독파한다. 처음에는 너무 깊게 읽지 않는다. 그렇다고 수박 겉 핥기 식도 곤란하니, 몰입 독서법인 퀀텀 독서법을 활용한다. 몰입해서 빠르게, 제대로 이해하면서 읽는다.

그러고 나서 열 권 중 내게 가장 유익한 두세 권을 골라 초서 독서법으로 읽는다. 먼저 노트에 책 제목과 작가 이름을 쓰고, 앞에서 소개한 다섯 단계에 맞춰 초서하고 의식을 확장한다.

모든 책은 그 가치가 다르다. 이는 책의 내용이나 성격과도 관련이 있다. 어떤 책들은 한두 번 읽어볼 만하고, 어떤 책들은 수십, 수백 번 읽어야만 그 진가를 온전히 누릴 수 있다. 그렇기 때문에 책에 따라 퀀텀 독서법과 초서 독서법을 선택적으로 활용하는 것이 좋다.

《논어論語》와 《맹자孟子》를 비교해보자. 《논어》는 초서 독서법으로, 《맹자》는 퀀텀 독서법으로 읽어야 제맛이다. 《논어》는 구절구절마다 깊이 사유하고 고찰해야 하는 책이고, 《맹자》는 구절이 아닌 통으로 읽고 통으로 이해해야 하는 책이기 때문이다.

읽었다면 기억할 수 있어야 한다

아정 이덕무는 조선 후기 실학자이자 시인으로, 청나라에까지 명성이 자자했다. 서자인 탓에 출세하지 못하고 책 읽는 일을 업으로 여기다가 정조가 규장각을 설치하면서 빛을 보게 된다. 그는 평생 2만 권의 책을 독파했다. 눈으로 읽는 데 그치지 않고 수백 권의 책을 반드시 베껴 쓰고, 대부분의 책을 초서하면서 읽었다. 교육도 제대로 받지 못한 그가 문장이 뛰어나고 능력이 출중한 것은 초서 독서를 했기 때문이다. 이덕무는 스스로를 간서치, 즉 '책만 읽는 바보'라고 했지만, 그냥 책을 눈으로 읽기만 했다면 정조의 신임을 받는 당대 최고의 학자 중 한 명이 될 수 없었을 것이며, 지금까지 이름이 남지도 않았을 것이다.

단기기억으로 그치는 독서와 장기기억으로 정착되는 독서의 차이는 분명하다. 아무리 책을 많이 읽어도 눈으로만 읽으면 밑 빠진 독에 물 붓기로 남는 것이 별로 없다. 반면 손을 움직여 초서나 필사를 하면 남는 것이 있다. 손으로 쓰면 뇌에 각인되기 때문이다. 즉 장기기억으로 정착된다. 그래서 이덕무는 가난으로 제대로 된 교육을 받지 못했지만, 2만 권을 독파하고 수백 권의 저서를 남겨 최고의 지식인이 될 수 있었던 것이다.

뇌과학적 측면에서 보면 초서 독서의 엄청난 효과를 분명히 알 수 있다. 책을 읽을 때 눈으로만 읽거나, 입으로 소리 내서 읽는 것과 손을 사용해서 한번 써보는 것은 엄청난 차이가 난다. 하나는 단기기억에 그치는 반면 다른 하나는 장기기억이 된다.

《EBS 공부의 왕도》란 책을 보면 이 사실을 잘 알 수 있다. 오래 기억하기 위해서는 눈으로 보는 것보다 입으로 말하는 것이 낫고, 여기에 손으로 쓰기까지 하면 기억의 양적, 질적 측면에서 큰 차이를 만들어낸다고 한다. 이 책에서는 그 이유로 두 가지를 들고 있다. 첫 번째는 가능한 한 다양한 감각을 이용해 기억할수록 인간의 기억력이 극대화되기 때문이다. 눈으로만 보는 것보다는 입으로 말하고, 여기에 손으로 쓰기까지 하면 기억이 더 잘되고 오래갈 수밖에 없다는 것이다. 두 번째는 손으로 쓰는 행동이 자연스럽게 복습과 정리 과정까지 유도하기 때문이라고 한다.

독서는 이제 읽기라고 해서는 안 된다. 제대로 된 효과적인 독서는 읽기와 쓰기로 이루어져야 한다. 더 구체적으로는 읽기와 생각하기, 쓰기와 창조하기의 단계를 거쳐야 한다.

어떤 식으로 책을 읽든 문제가 되지는 않는다. 핵심은 읽었다면 기억도 할 수 있어야 한다는 것이다. 기억할 수 없는 독서는 독서라고 할 수 없다. 간서看書라고 해야 한다. 그냥 봤다는 의미다. 독서는 책을 읽었다는 것이고, 읽었다는 것은 이해하고 머릿속에 남겼다는 의미다.

앞서 말했듯 우리 뇌에는 망상활성계라는 것이 있다. 뇌에는 불과 1초 동안 수백만 비트에 달하는 정보가 입력된다. 그런데 뇌가 처리할 수 있는 것은 수백 비트 정도다. 그래서 망상활성계가 쓸데없는 정보들을 거르는 여과 장치 역할을 한다. 중요하지 않은 내용은 대부분 30초가 지나면 잊는다. 이것이 단기기억이다. 그리고 여과 장치를 통과한 정보들만이 장기기억이 된다.

장기기억으로 분류되는 조건은 뭘까?

첫째, 뇌는 반복되는 정보를 장기기억으로 저장한다. 뇌과학상 완벽하게 천천히 한 번 읽기보다는 여러 번 자주 읽는 것이 효과적이다.

둘째, 뇌는 감정이 담긴 것을 장기기억으로 저장한다. 독서를 기계적으로, 무미건조하게 해서는 안 되는 이유다.

셋째, 뇌는 이미 아는 지식이나 정보와 관련 있는 것을 장기기억으로 저장한다. 왜냐하면 지식과 정보는 항상 유기적인 연결을 통해 확장하고 생성되기 때문이다. 무에서 유를 창조하기 힘든 분야가 바로 지식과 정보다. 그래서 이미 많은 것을 아는 전문가가 초보자보다 해당 분야의 책을 읽고 이해하고 책에서 새로 얻은 지식을 유지하기가 몇백 배 더 쉽고 빠르다. 또 지식과 정보는 독립적으로 존재할 수 없다.

넷째, 뇌는 그 사람이나 그 사람의 삶과 관련한 정보와 지식을 장기기억으로 저장한다. 독서와 자신과 자신의 삶을 늘 연결시켜 읽고 이해해야 하는 이유가 여기에 있다.

다섯째, 뇌는 손으로 쓰는 것을 장기기억으로 저장한다. 손은 외부로 나온 또 다른 뇌이기 때문이다. 초서 독서법이 뇌를 자극하고 깨우고 활성화하여 뇌에 각인시키는 전뇌 독서법인 이유가 상당 부분 여기에 있다.

"손은 바깥으로 드러난 또 하나의 두뇌"라고 칸트가 말했다. 손을 움직이면 뇌가 활성화된다. 그래서 손을 자주 쓰는 사람이 지능도 발달하는 것이다. 손을 사용하는 독서인 초서 독서법은 뇌 활성화 운동이기도 하다.

지식이라는 구슬을 잘 꿰는 기술

책을 수없이 읽었는데도 남는 것이 하나도 없는 독서를 하는 사람이 많다. 그게 무슨 소리냐고 할지도 모르겠다. 열심히 노력하고 수고를 들였지만 결국 원하는 것을 얻지 못하거나 기대 수준에 미치지 못했다는 말이다.

정약용과 관련해 이런 일화가 있다.

정조가 즉위 후 부친의 묘를 현륭원으로 이장하고, 화성 신도시 건립을 추진한다. 그 과정에서 현륭원 인근 여덟 고을에 지속적으로 나무를 심도록 지시했다. 여덟 고을에서 나무를 심을 때마다 엄청난 문서가 정조에게 올라왔다. 나중에는 그 문서가 수레에 가득 싣고도 남을 지경이 됐다. 정조는 어느 고을에서 어떤 나무를 몇 그루 심었는지 궁금했을 뿐인데, 문서가 너무 늘어나 도무지 알 수 없었다. 답답해진 정조는 정약용에게 문서들을 한 권으로 요약하라고 지시했다. 그러자 정약용은 한 장으로 요약해 7년 동안 모두 1,200만 9,772그루가 심겼다고 알렸다.

이것이 바로 제대로 독서하는 사람과 그렇지 못한 사람의 차이이자, 초서 독서법의 탁월함이다. 초서 독서법으로 오랫동안 책을 읽어 온 사람은 방대한 지식에 대한 정보 습득 능력이 탁월하다.

독서도 학문도, 그 이치는 같다. 읽고 공부한 것을 제대로 분류하고 체계화하지 않으면 학문의 발전도, 독서의 효과도 기대하기 힘들다.

'구슬이 서 말이라도 꿰어야 보배'라는 말이 있다. 초서 독서법이 바로 수많은 책에서 얻은 방대한 지식이라는 구슬을 잘 꿰는 기술이라고 할 수 있다.

잘 꿰는 기술이 없는 사람은 책을 아무리 많이 읽어도 일정 수준 이상의 성장이나 목표 달성을 이루기가 힘들다. 반면 잘 꿰는 기술이 있는 사람은 한 권을 읽어도 남는 독서를 하고, 삶을 바꾸는 유익한 독서를 한다.

읽은 척만 할 뿐 제대로 읽은 것이 아니다

책을 정독하는 사람이 많다. 하지만 아무리 정독하더라도 눈으로만 읽고 끝낸다면 제대로 책을 읽은 것이라고 볼 수 없다. 그렇다면 퀀텀 독서법도 제대로 된 독서법이 아니냐고 하는 사람이 있을지도 모르겠다. 그러나 퀀텀 독서법은 단순한 정독과 다르다. 눈이 아닌 뇌로 읽는 것이기 때문에 책 내용이 뇌에 각인되고, 의식 속으로 녹아들어간다. 그래서 책을 쓸 때, 말할 때, 강의할 때 자신도 모르게 전에 읽었던 책 내용이 튀어나온다. 그래서 독서를 많이 하면 자신도 모르던 것을 생각해내고 알게 되는 것이다.

읽은 척만 하는 독서가 자신에게는 해당되지 않는 말이라고 생각하는 사람이 많을 것이다.

"뭐라고요? 저는 아닙니다. 저는 오랫동안 책을 읽어왔습니다."

이렇게 반론할지도 모르겠다. 하지만 당신의 독서가 읽는 데서 끝났다면 책을 제대로 읽지 않은 것이다.

진정한 독서란 법고창신의 정신을 실천하는 것이다. 법고창신이란 제대로 읽고, 새로운 뭔가를 만들어내는 것이다. 법고만 하고, 창신을 하지 않았다면 그저 책을 읽은 척했을 뿐이다. 제대로 책을 읽었다면 반드시 그 결과가 책이나 노트나 강의로 이어져야 한다.

정약용이 그렇게 했던 것처럼, 마키아벨리가 그렇게 했던 것처럼, 레오나르도 다빈치가 그렇게 했던 것처럼 말이다.

읽는 척만 했는지, 아니면 제대로 읽었는지 확실하게 알 수 있는 방법이 있다. 바로 책을 읽고 나서 인생이 바뀌었는지 따져보는 것이다. 책을 읽은 후 새로운 미래를 만들었다면 당신은 이미 위대한 독서가다. 그러나 많은 책을 읽고도 새로운 미래를, 새로운 인생을 만들지 못했다면 읽은 척만 했을 뿐 제대로 읽지 못한 것이다.

이 책을 읽는 여러분은 오직 읽기만 하는 독서 라이프에서 벗어나, 자녀들에게 읽히고 싶은 책을 직접 쓸 수 있는 진정한 독서가로 거듭났으면 하는 바람이다. 두려워말고 일단 시작하라. 시작하면 책이 당신을 도와줄 것이다.

2장

동서양의 초서 독서법 전문가들

1 | 동양의 초서 전문가
다산 정약용, 조선 최고의 지식 경영자

> 공부를 그저 출세의 수단으로 여겨서, 출세하기 위해 공부하면 자신도 잃고 공부도 잃게 된다. ─정약용,《유배지에서 보낸 편지》

◆ 정약용과 마키아벨리의 우연

정약용은 1762년에 태어나 75년을 살았다. 그의 인생에서 가장 중요한 시기는 아이러니하게도 40세부터 58세까지 18년 동안의 유배기간이었다. 물론 개인적으로는 가장 힘들고 참혹한 시기였을 것이지만, 이때 후손에게 남긴 것이 많다. 책을 무려 500여 권이나 써냈으니 말이다. 그런데 마키아벨리 역시 대표작인 《군주론》과 《로마사 논고》를 비슷한 상황에서 썼다고 하니, 우연치고는 놀랍지 않은가?

연구 분야가 광범위했던 정약용이 정밀하고 전문적이며 치밀한 학문적 성과를 이루고, 500여 권의 수준 높은 저술을 남길 수 있었던 것은 바로 그가 초서 독서법의 대가였기 때문이다.

정약용이 가장 경계했던 것은 독서하지 않는 것이 아니었다. 그는 제대로 독서하지 못하는 것을 가장 싫어하고 경계했다. 그는 독서를 통해 끊임없이 자신과 세상을 탐구하고, 백성을 이롭게 하고자 했다. 그가 남긴 책들을 보면 그가 왜 그토록 지독하게 쉬지 않고 쓰고 또 썼는지를 잘 알 수 있다.

공자가 '위편삼절韋編三絶(공자가 《주역周易》을 즐겨 읽어 책을 묶은 가죽끈이 세 번이나 끊어졌다는 일화에서 유래했다)'이라는 고사성어를 남겼다면, 정약용은 '과골삼천踝骨三穿'이라는 더 놀라운 고사성어를 남겼다.

정약용의 애제자 치원 황상 역시 일흔이 넘어서도 독서와 초서를 멈추지 않았다. 그런 그에게 주위 사람들이 이렇게 물었다.

"뭐하러 그 나이까지 그렇게 고되게 책을 읽고 베껴 쓰십니까?"

그러자 황상은 이렇게 대답했다.

"우리 선생님은 귀양지에서 20년을 계시면서 날마다 저술에만 힘써 과골(복사뼈)에 세 번이나 구멍이 났다. 선생님께서 부지런히 공부하라 친히 가르쳐주신 말씀이 아직도 귀에 쟁쟁한데, 관 뚜껑을 덮기 전에 어찌 그 지성스러운 가르침을 저버릴 수 있겠는가?"

그 긴 세월 동안 날마다 독서와 초서와 저술에 몰두했으니 바닥에 닿은 복사뼈에 세 번이나 구멍이 날 만도 하다. 위대한 독서법과 독서의 기술이 없었다면, 이런 업적을 달성해낼 수 없었을 것이다.

◆ 조선 시대 지식인들의 독서법

조선 시대 지식인들은 주로 다음과 같은 독서법으로 책을 읽었다. 율곡 이이로 대표되는 숙독 독서법, 퇴계 이황과 백곡 김득신으로 대표되는 반복 독서법, 남명 조식과 화담 서경덕의 사색 독서법, 담헌 홍대용의 마음 독서법, 백수 양응수의 허심평기虛心平氣 독서법이다.

이이는 입으로만 읽고 많은 지식을 얻고자 탐독하는 독서법을 경계했다. '책은 책이고, 나는 나다'라는 식으로 책을 읽어서는 생각이나 행동이 조금도 바뀌지 않고, 그저 지식의 축적과 습득만 일삼게 된다. 결국 겉으로 꾸미는 말이 많아지고 읽은 척하게 된다. 그러나 마음으로 체득하고 몸으로 실행하면 생각과 행동이 달라지고 나아가 인생이 달라진다.

> 책을 읽을 때는 반드시 한 가지 책을 숙독하여 그 뜻을 다 알아서 완전히 통달하고 의문이 없게 된 다음에야 다른 책을 읽을 것이요, 많은 책을 읽어서 많이 얻기를 탐내어 부산하게 이것저것 읽지 말아야 한다.
> — 이이, 《격몽요결擊蒙要訣》

이것이 바로 한 가지 책을 숙독하여 완전히 통달하고 의문이 없을 때까지 읽는 이이의 숙독 독서법이다.

이황은 반복 독서법을 즐기며 공부란 거울을 닦는 것과 같으니 쉬지 말고 반복해야 한다고 말했다. 반복 독서법을 실천한 조선의 선비를 이야기하면서 김득신을 빼놓을 수 없다. 그는 억만 번을 읽고 또 읽어 결국 일가를 이루고 이름을 남긴 학자이자 반복 독서법의 대가다.

또 김득신과 함께 반복 독서법의 대가로 쌍벽을 이루는 선비가 바로 '간서치'로 널리 알려진 이덕무다. 그는 평생 2만 권이 넘는 책을 읽었고, 남들의 본보기가 되는 공부를 했다.

그런데 최근 뇌과학과 인지심리학에서는 반복 학습이 최악의 공부법이라는 주장이 큰 힘을 얻고 있다. 반복 학습에 대해서는 후반부에 별도로 설명할 것이다.

조식을 한마디로 평가하면 '박문약례博文約禮', 즉 널리 학문을 닦아 사리에 밝고 예절을 잘 지킨 학자라고 할 수 있다. 그는 아무리 학문을 많이 했다고 떠들어대도 자득한 것이 없으면 헛공부라고 경고했다. 그의 문집에 보면 이런 대목이 나온다.

학문을 넓게 배우되, 이를 자기 것으로 소화해서 그것에 힘입어 자신의 경지를 높이고 그 높은 경지에서 모든 사물을 환히 내려다보는 고명高明이 있고서야 행함이 도에 어긋나지 않고 세상의 쓰임에 이롭지 않은 것이 없다. ─ 김충열,《남명 조식의 학문과 선비정신》

　서경덕은 사물을 궁구하는 것을 먼저 하지 않는다면 아무리 책을 많이 읽어도 얻는 것이 없다면서 사색하는 독서를 강조했다. 서경덕은 3년 동안 더위와 추위를 마다하지 않고 한방에 앉아서 독서와 사색을 했다고 한다.

　　나의 학문(공부)은 모두 스스로 고심하고 온 힘을 다해 얻은 것이다.
　　─서경덕

　홍대용은 북학파의 주자인 한편 개혁가의 면모를 보여준 행동파 학자이기도 했다. 그는 균전제, 부병제를 토대로 한 경제정책 개혁과 과거제도 폐지, 공거제 실시, 신분 차별 없이 8세 이상 모든 아동의 의무교육 등을 제창했다.
　홍대용은 연경(베이징의 옛 이름)에서 중국인 학자들과 밤새 토론하고, 중국과 서양의 과학과 풍속을 배우고 공부했다. 그리고 나서 조선으로 돌아와 《주해수용籌解需用》이라는 수학책을 집필했다. 그런데 이 수학책을 보면 놀라지 않을 수 없다. 오늘날의 수학책과 별반 다르지 않기 때문이다. 현대의 구구단과 조금도 다르지 않은 구구단이 소개돼 있을 뿐 아니라 구구단 문제와 해설까지 있다. 원주율을 구하는 방식까지 설명돼 있는 등 한마디로 오늘날의 수학책이라고 해도 믿을 만큼 수학 전반에 걸친 내용이 소개돼 있다.

홍대용은 어린 시절부터 실천 중심의, 실용 가능한 학문인 실학과 그 실학과 맥을 같이 하는 고학에 뜻을 두었다. 그렇기 때문에 그에게 진실한 학문이란 실용, 민생, 일상에의 적용이 가능한 학문이라고 할 수 있다. 그런 홍대용의 독서법은 '책을 입으로만 읽지 않고, 마음으로 읽는 독서법'이라고 할 수 있다. 그는 마음을 다잡기 위해 책을 읽거나 공부할 때 몸가짐을 바로 하는 것을 중요하게 생각했다.

> 독서할 때 허세나 부리고 글을 정밀하게 보지 않는다든가, 억지로 어떤 구절을 뽑아내어 생각 없이 입에서 나오는 대로 의문을 제기한다든가, 대답이 채 끝나지도 않았는데 관심을 딴 데로 돌린다든가, 한 번 묻고 한 번 대답하는 것으로 그치고 다시 생각하지 않는다면, 이는 더 알려고 하는 데에 뜻이 없는 자이니, 더불어 학문을 할 수 없다. ─홍대용, 《담헌집湛軒集》

홍대용은 마음이 들떠서 입으로만 읽고 마음으로 그 뜻을 헤아리지 않는 독서 습관을 질타했다. 절대 허세를 부리기 위해 책을 읽지 말라고 경고한다. 그렇게 허세를 부리면 글을 정밀하게 읽지 못하고, 생각 없이 입으로만 책을 읽게 되기 때문이다.

허심평기 독서법은 양응수뿐만 아니라 이황, 이이, 우계 성혼 등을 비롯해 여러 학자가 지침으로 삼았던 독서법이다.

《백수선생문집白水先生文集》〈위학대요爲學大要〉 하편을 보면 이렇게 설명한 대목이 많이 나온다.

> 독서는 먼저 마음을 비우고 기운을 평온케 하며, 익숙하게 읽고 정밀하게 생각해야 한다.

> 책을 볼 때는 다만 마음을 비우고 기운을 평온하게 하여 서서히 의리가 있는 곳을 살펴야 한다.

마음을 비운다는 것은 책을 수단으로 삼아서 읽지 말라는 뜻이다. 모든 욕심과 집착을 버리고 순수하게 책을 읽고 책에 빠져들라는 말이다.

내가 3년이라는, 길면 길고 짧으면 짧은 그 기간 동안에 놀라운 성과를 얻은 것 역시 마음을 비웠기 때문이다. 달리 설명할 길이 없다.

조선의 선비 중 빼놓을 수 없는 인물이 바로 최한기다. 그는 출세보다는 공부를, 과거의 전통적인 학문보다는 미래를 선택한 학자다. 그는 천 권을 집필한 조선 제일 선비이자 한국 과학의 아버지로 평가받는다.

최한기는 개성 출신이지만 대부분 서울에서 생활하며, 당시 중국에서 새로 들어오는 책을 모두 사서 읽을 정도로 대단한 독서광이었다. 동서고금의 책을 서재에 쌓아두고 그것을 읽기만 한 것이 아니라 하나의 학문으로 생각하여 공부와 연구에 몰두했던 은둔형 인물이기도 하다. 그가 눈으로만 책을 읽었다면 어떻게 천 권을, 그것도 농업·어업·기계·지리·천문·수학·의학 등 자연과학을 시작으로 철학·사회과학·사회제도·기학氣學 등 인문·사회 과학 분야까지 다양한 책을 집필할 수 있었을까? 그에게 초서 독서는 일상이었다고 볼 수 있다. 독서와 집필 사이에 다리를 놓는 것이 바로 초서라는 사실을 다시 한번 상기하게 된다.

최한기의 독서법을 군이 명명하자면 '초저서 독서법'이라고 해야 할 듯하다. 초서를 통해 직접 책을 써버리는 독서의 진짜 대가라는 생각이다.

조선 선비들의 대표적인 독서법을 분류하고 특징을 간단하게 정리해보면 다음과 같다.

마음을 비우고 기운을 평온케 하여 정밀하게 생각하라.
| 백수 양응수

기록하고 필기하라.
| 다산 정약용, 명재 윤증, 세종

깊이 생각하고 궁리하라.
| 남명 조식, 화담 서경덕, 다산 정약용

반복해서 읽고 습득하라.
| 세종, 성호 이익, 퇴계 이황

입이 아닌 마음으로 읽으라.

| 담헌 홍대용, 퇴계 이황, 율곡 이이

중요한 대목은 암기하고 체득하라.

| 담헌 홍대용

언제 어디서든 쉬지 않고 독서하라.

| 명재 윤증, 퇴계 이황

진리 탐구에 그치지 말고 실천하라.

| 명재 윤증, 담헌 홍대용, 남명 조식

세상에 도움을 주고 편안케 하는 독서를 하라.

| 성호 이익, 연암 박지원

선인들의 공부법에 대해 더 깊게 알고 싶다면 박희병의 《선인들의 공부법》과 졸저 《선비들의 평생 공부법》을 참조하길 바란다.

◆ 한 차원 높은 독서를 이룬 정약용

정약용은 다른 조선의 선비들보다 한 차원 더 높은 독서를 했다. 그 결과, 18년 동안 지리·의학·과학·역사·경제·정치·철학·문학 등 다방면에 걸쳐 500권이 넘는 책을 저술할 수 있었다. 또한 그는 화성을 축성하고, 기중기 등을 만든 위대한 토목공학자이자 기계공학자였고, 역사 발전의 원동력이 백성에게 있음을 간파한 역사학자였으며, 질병으로 신음하는 백성을 위해 놀라운 의학서를 저술한 의학자였다.

정약용의 독서법을 알려면 그가 쓴 편지와 책을 살펴야 한다. 정약용은 독서하는 개괄적인 원리와 방법에 대해 시문집《오학론五學論 2》에서 이렇게 밝힌 바 있다.

> 먼저 널리, 넓게 배우는 박학博學이다. 다음은 자세히 묻는 심문審問이고, 세 번째는 신중히 생각하는 신사愼思다. 네 번째는 명백하게 분변하는 명변明辨이고, 마지막으로 성실하게 실천하는 독행篤行이다.
>
> 그런데 지금 공부하는 이는 박학에만 집착할 뿐 다른 것은 생각하지 않는다. 또 한나라 시대 학자의 주장이라면 그 논리성이나 타당성을 따져보지 않고 오로지 믿고 추종한다. 그래서 가까이는 마음을 다스리고 성품을 올곧게 할 생각조차 않고, 멀리는 세상을 바르게 하고 백성을 잘 다스리는 데 관심이 없다. 오직 자신이 널리 듣고 많이 기억하는 것과 글을 잘 짓고, 말을 잘하는 것만 자랑한다. 그리고 세상은 고루하다고 비웃고 다닌다. 잘못되고·정확하지 않은 학설은 만세에 해를 끼칠 수 있다. 그런데 이들은 '천하의 이치는 무궁무진한 것'이라며 받아들인다. 참으로 가련한 일이다.
>
> ─ 정약용,《오학론 2》

박학, 심문, 신사, 명변, 독행 중 마지막 독행은 책을 읽고 난 뒤 실천의 문제고, 나머지는 독서 과정과 방법의 문제다. 이 네 가지가 모두 포함된 독서법이 바로 초서 독서법이다.

그렇다. 다산 정약용만의 남다른 독서법이 바로 초서 독서법이다. 물론 세종도, 이덕무도 초서를 했지만, 정약용만큼 철저하게 단계별로 한 사람은 없다. 자신의 입으로 직접 초서를 말하고, 타인과 자녀에게 강조하면서, 초서 독서법의 구체적인 다섯 단계를 설명한 독서가는 정약용이 처음이자 마지막이다. 그런 점에서 정약용은 초서 독서법의 근간을 세우고, 체계를 확립하고, 실제로 자신의 삶에 적용해 비범한 성과까지 창출한 유일무이한 초서 독서법의 대가인 셈이다.

정약용은 초서 독서법이 독서 능력뿐 아니라 창조 능력, 저술 능력, 사고 능력, 판단 능력까지 모두 함께 키울 수 있는 독서법이라는 것을 몸소 보여준 독서가다. 앞에서 설명했듯 정약용은 "독서와 초서와 저서에 힘쓰도록 하라"라고 했다. 읽고 넓게 배우는 박학, 자세히 묻고 따지는 심문, 생각하고 또 생각하는 신사, 판단하고 분변하는 명변은 초서 독서법의 핵심 단계인 2단계 이해, 3단계 판단, 4단계 초서, 5단계 의식의 과정에 다 포함된다.

정약용에게 초서 독서법은 이미 체질화, 생활화돼 뼛속까지 스며든 독서 습관이었다. 그는 절대 눈으로만 읽지 않았다. 손으로 쉴 새 없이 기록하면서 읽었고, 끊임없이 판단하고 사색하고 비판하면서 읽었다. 스스로에게 꾸준히 질문하고 또 질문하면서 자신의 의식과 생각을 확장시켜나가며 읽었다. 그에게 독서는 단순한 문자 해독이 아니라 자신의 의식을 확장시키고 그것을 기록하는 창조 과정이었다.

정약용은 책을 효과적으로 빨리 읽는 방법이 초서라고 강조하고 또 강조했다. 그 효과를 의심하고 초서를 게을리하는 두 아들에게 쓴 답장에서 초서 독서법에 대한 정약용의 강한 믿음과 의지를 알 수 있다. 어찌하여 초서의 효과를 의심하느냐면서 무릇 한 권을 읽더라도 보탬이 될 만한 것은 반드시 채록하여 모으고, 그렇지 않은 것은 눈길도 주지 말아야 한다고 강조했다. 이렇게 초서 독서법으로 책을 읽으면 백 권도 열흘 공부거리에 지나지 않는다고 초서 독서법의 효과와 속도를 정확히 알려줬다.

정약용은 독서할 때 중요한 내용을 베껴 쓰는 일을 그만둬서는 안 된다고 강조했다. 두 아들에게 책을 읽으면서 궁금하거나 의문스러운 점에 대해 왜 질문을 던지지 않느냐고 나무라기도 했다. 이것이 바로 취사선택하고 판단하고 비판하고 의식을 확장하는 초서 독서법의 과 정인 것이다.

또 정약용은 제자들에게 초서하게 해 그 결과물을 책으로 묶게 했 다. 그렇게 해서 세상에 나온 것이 윤종진의 《순암총서淳菴叢書》와 《순 암수초淳菴手鈔》, 황경의 《양포총서蘘圃叢書》, 이강회의 《유암총서柳菴 叢書》, 황상의 《치원총서巵園叢書》다.

타인의 저서를 읽고 그것을 토대로 책을 쓸 때도 초서 독서법의 원 리는 그대로 적용된다. 먼저 자신의 학문에 주견이 뚜렷해야 한다. 그 주견이 판단 기준이 되기 때문이다. 이를 기준으로 버릴 것은 버리고 취할 것만 초서한 뒤 이를 바탕으로 책을 쓰면 된다고 정약용은 강조 했다. 이런 점에서 초서 독서법과 책 쓰기는 그 원리와 방법이 거의 같다.

정약용과 그의 제자들과 거의 동일한 방식으로, 마키아벨리는 리비 우스의 《로마사》 열 권을 초서해 자신의 대표작 중 하나인 《로마사 논고》를 썼다. 나는 이 사실을 발견하고 초서 독서법이 세계적인 독서법이며 최고의 독서법이라고 자신하게 됐다.

초서 독서법으로 책의 내용을 이해하고 소화시키는 속도는 하루 열 권이다. 정약용이 쓴 〈두 아들에게 답함〉이란 편지에 나오는 초서 독서법의 효과와 방법에 대한 개괄적인 소개에서 이를 찾아볼 수 있다.

> 먼저 자신의 생각을 정리한 후 그 생각을 기준으로 취할 것은 취하고 버릴 것은 버려야 취사선택이 가능하다. 어느 정도 자신의 견해가 성립된 후에 선택하고 싶은 문장과 견해는 뽑아서 따로 필기해 간추려놓아야 한다. 그런 식으로 책 한 권을 읽더라도 자신의 공부에 도움이 되는 것은 뽑아서 적어 보관하고, 그렇지 않은 것은 재빨리 넘어가야 한다. 이렇게 독서하면 백 권이라도 열흘이면 다 읽을 수 있고, 자신의 것으로 삼을 수 있다.

그의 편지에는 "중요한 내용을 베껴 쓰는 일을 그만두어서는 안 된다", "책에서 뽑아내면 바야흐로 일관되게 꿰는 묘미가 있다"라는 대목이 자주 나온다. 결국 정약용의 공부법 핵심은 "부지런히 초록하고 쉴 새 없이 기록하는 것"이다.

초서 독서법을 익히기만 하면 하루에 열 권을 독파할 수 있다. 그러나 중요한 것은 독파가 아니다. 책의 내용을 진정한 자신의 것으로 만들어야 의미가 있다.

초서 독서법의 근간이 되는 원리가 있다. '둔필승총鈍筆勝聰'이라는 말이다. '둔하고 부족한 붓이 총명한 머리보다 더 낫다'는 뜻이다. 즉 무딘 붓과 같은 필기가 눈으로만 하는 총명한 읽기를 이긴다는 의미다.

초서 독서법의 근간은 쓰기다. 그것도 둔하고 부족한 글쓰기다. 그러나 쓰다 보면 생각이 날카로워지고, 사고력이 향상된다. 쓰면 쓸수록 자기 것이 된다.

정약용은 책을 낭독만 하는 것은 별 소득이 없다고 했다.

> 모름지기 뜻을 강구하고 고찰하여 그 정미한 뜻을 깨달으면 깨달은 바를 수시로 기록해두어야만 바야흐로 실제의 소득이 있게 된다. 진실로 외곬으로 낭독하기만 한다면 또한 실제의 소득이 없을 것이다.
>
> — 김모련, 〈성호학파의 독서방법론 연구〉 인하대학교 논문

초서 독서법은 읽기만 하는 것이 아니라 의미와 뜻을 강구하고 고찰해(판단하고 저울질하고 생각하기) 정밀한 뜻을 얻고, 머릿속에 떠오른 것을 그때그때 메모해 기록(초서)하는 것이며, 그렇게 해야만 실제로 소득이 있다고 정약용은 강조했다. 그러면서 그저 소리 내서 읽기만 해서는 아무 소득이 없다고 강조하고 또 강조했다.

그 이유는 무엇일까? 입으로 소리 내서 책을 읽는 것은 어린이들이 글을 숙지하고 책 읽는 능력을 향상시키는 데는 도움이 된다. 하지만 어른이 입으로 소리 내 읽기만 해서는 아무 소득이 없다. 배우고 익히는 것, 사고하면서 얻게 되는 것이 없기 때문이다.

책을 읽을 때 입으로 말하기보다 뇌로 사고해야 더 많이 얻을 수 있다. 더 많이 배울 수 있다. 그렇기 때문에 초서 독서법은 뇌로 사고하는 것이고, 그래서 실제로 소득이 있는 독서법이라는 것이다.

정리하면 낭독은 어린이에게는 효과적이지만 어른에게는 비효율적인 독서법이다. 어른에게 효과적인 독서법은 뜻을 강구하고 그 정미한 뜻을 깨달으면 깨달은 바를 수시로 기록하는 초서 독서법이다.

정약용은 자식들과 제자들을 위해 늘 편지를 써서 보냈다. 이 편지글은 정약용이 활용한 최고의 자식 공부법이자 제자 공부법이었다. 자식들과 제자들은 아버지 혹은 스승의 정성 어린 가르침이 담긴 편지를 평생 간직하며 가슴에 새겼을 것이다.

또 정약용은 초서 독서법의 대가답게 자신을 찾아와서 물어보는 사람들에게 말로 답하지 않고, 글로 적어 줬다고 한다. 말로만 하면 금세 잊히고 만다. 글로 써서 주면 생각날 때마다 그것을 펴보고 배울 수 있다.

나산의 제자이자 먼 집안사람이기도 한 정수칠에게 써준 편지를 보면 초서 독서법의 중요성을 또 한 번 새길 수 있다.

옛날에는 책이 많지 않아 독서는 외우는 것에 힘을 쏟았다. 지금은 사고四庫의 책이 건물에 가득해 운반하려면 소가 땀을 흘릴 지경이니 어찌 책마다 읽을 수가 있겠는가? 그래도 《역경易經》,《서경書經》,《시경詩經》,《예기禮記》,《맹자》 같은 책만은 모름지기 강구하고 고찰해서 그 정밀한 뜻을 얻어야 한다. 생각날 때마다 즉시 기록해야만 실제로 얻는 바가 있다. 진실로 소리 내서 읽기만 하면 또한 아무 이득이 없다.

— 〈반산 정수칠에게 해준 말爲盤山 丁修七贈言〉

책을 아무리 읽어도 초서하지 않으면 실제로 얻는 바가 없다는 것
이다.

다산은 강진 유배지에서 두 아들에게 답하는 첫 편지를 쓰면서 초서
하는 일을 절대로 소홀히 해서는 안 된다고 당부했다. 그가 얼마나 초
서 독서법을 특별하고 중요하게 생각했는지를 알 수 있는 대목이다.

> 너희 편지를 받으니 마음이 놓인다. 둘째의 글씨체가 조금 좋아졌고, 문리
> 도 향상되었는데, 나이가 들어가는 덕인지 아니면 열심히 공부하고 있는
> 덕인지 모르겠구나. 부디 자포자기하지 말고 마음을 단단히 먹고 부지런히
> 책을 읽는 데 힘써라. 초서나 글을 쓰는 일에도 혹시라도 소홀히 하지 말도
> 록 해라. 폐족이면서 글도 못하고 예절도 갖추지 못한다면 어찌 되겠느
> 냐⋯⋯. 내 귀양살이 고생이야 매우 심하긴 하다만 너희가 독서에 정진하
> 고 몸가짐을 올바르게 하고 있다는 소식만 들리면 근심이 없겠다.
>
> — 정약용, 〈두 아들에게 답함〉

정약용이 책을 읽으며 중국에 대한 자신의 뜻을 밝혀 초서한 글을
살펴보면 초서 독서법의 3단계와 4단계의 실제 사례를 더 잘 이해할
수 있다.

> 내 뜻으로 보니 그 이른바 '중국'이 중앙인 까닭을 모르겠다. 그 소위 '동국'

도 그것이 '동쪽'인 까닭을 나는 모르겠다. 해가 정수리 꼭대기에 있으면 '정
오'라 한다. 정오를 기준으로 해가 뜨고 지는 시각이 같으면 내가 선 곳이
동서의 중앙임을 안다. 북극은 땅에서 약간 높고, 남극은 땅에서 약간 정도
가 낮기는 하나, 오직 전체의 절반만 된다면 내가 선 곳이 남북의 중앙이다.
이미 동서남북의 중앙을 얻었으면 가는 곳마다 '중국' 아님이 없거늘 어찌
'동국'이라고 부른단 말인가. 그 어디를 가도 '중국' 아님이 없거늘 어찌 '중국'
이라고 부른단 말인가. — 정약용, 〈송한교리치응사연서送韓校理致應使燕序〉

초서 독서법은 책의 노예가 돼 주견도 없고 취사선택도 하지 않고
무조건 수용하는 그런 수동적인 독서, 지식 주입의 독서에서 벗어나
읽는 이를 책의 주인으로 만들어준다. 자신의 견해를 밝히고, 취사선
택하고, 비판하고, 의식을 확장하고, 생각을 넓혀가는 능동적인 독서
법이다. 마오쩌둥의 사다四多 독서 원칙과 유대인의 질문 공부법인 하
브루타Havruta와 정확히 그 원리와 본질이 일치한다. 단 하브루타는 손
을 움직여 기록하는 과정, 즉 초서하는 과정을 강조하지 않는다.

독서하고 이해하고 판단하고 사색하고 비판하고 질문하고 대답한
것들을 다시 한 번 기록하는 과정은 현대 인지심리학에서 강조하는
새로운 학습법이자 장기기억을 돕는 최고의 조건인 인출·정교화 작
업의 가장 좋은 실천 방법이기도 하다.

특히 초서 독서법의 질문 과정, 사고 훈련 시트 작성 과정, 원 북 원
센텐스One Book One Sentence 과정과 BTMS Book-Think-Mind-Summary
요약 기록 과정 등은 인출과 정교화 작업의 원리에 정확히 일치한다.

이런 점들을 통해 다시 한 번 초서 독서법이 뇌과학적으로도 효과적인 독서법이라는 사실을 알 수 있다.

마오쩌둥, 중국 건국 제일의 국부

밥은 하루 안 먹어도 괜찮고 잠은 하루 안 자도 되지만 책은 단 하루라도 안 읽으면 안 된다. - 마오쩌둥

◆ 독서를 즐긴 지독한 독서광

20세기 중화인민공화국 최고 영웅으로 손꼽히는 마오쩌둥. 그는 가난한 농부의 집에서 태어나 많이 배우지 못했다. 그런 그가 어떻게 해서 10억 중국을 이끄는 위대한 영웅, 중국 건국 제일의 국부가 되고 세계적 위인의 반열에 오를 수 있었을까?

이에 대한 정확한 답을 얻으려면 그의 삶을 면밀하게 살펴야 한다.

그는 학교를 그만두고 아예 도서관에 파묻혀 책만 읽은 적이 있을 정도로 다독가이자 열정적인 독서광이었다. 로스 테릴Ross Terrill이 쓴 《마오쩌둥Mao: A Biography》에 이런 구절이 있다.

세계사의 모든 지도자들 가운데 프랑스 대통령 드골과 중국 주석 마오쩌둥만큼 독서를 즐긴 사람도 없다.

마오쩌둥은 장제스의 국민당에 쫓겨 10만 리 대장정을 하는 와중에 말라리아에 걸려 들것에 실려가면서도 책을 읽었다. 그에게 독서는 곧 삶이었다. 해도 되고 안 해도 되는 것이 아니라 살아 있다면 반드시 해야 하는 것이었다. 마오쩌둥이 얼마나 지독한 독서가였는지를 알려주는 증거는 이뿐만이 아니다.

> 마오쩌둥은 일하는 것 외에 모든 시간을 독서로 보냈다.
> — 필검횡, 《모택동 사상과 중국철학》

나폴레옹은 전쟁터에 나갈 때도 천여 권의 책을 실은 책 마차를 끌고 갈 정도였고 심지어 총알이 날아오는 전쟁터에서도, 이동 중에는 말 위에서도 책을 읽었다. 가난했던 링컨은 일을 끝내고 나면 쉬지 않고 바로 그 자리가 밭이든, 마구간이든, 길거리든, 장소와 때를 불문하고 책을 읽었다. 마오쩌둥은 점심을 먹을 때도, 거름통을 나르고 난 후에도, 잠깐 쉴 때도, 언덕 위에서도, 나무 아래에서도, 길거리에서도, 장소를 가리지 않고 책을 읽었다.

앞에서 설명했듯 마오쩌둥은 가난한 농부의 집에서 태어나 어렸을 때부터 학교에 가는 대신 힘든 농사일을 해야 했다. 매일 해야 할 농사일이 적지 않았지만 그는 최대한 빨리 해치우고 나머지 시간을 오로지 책만 읽었다.

그의 아버지는 아주 쉬운 계산법 이외에는 알 필요가 없다고 생각했다. 물론 책을 읽는 것도 불필요한 일이며 시간 낭비라고 생각했다. 그래서 어느 날, 아들에게 오늘은 거름통을 15번 나르라고 시켰다. 하루를 꼬박 해야 하는 일이었다. 책을 읽지 말라는 이야기와 다름없었다. 그러나 마오쩌둥은 반나절 만에 시킨 일을 다 하고 오후 내내 나무 아래에서 열심히 책을 읽었다.

마오쩌둥은 학교를 좋아하지 않았다. 교과과정에 제한이 많아 혼자서 책을 읽는 것이 더 낫겠다는 결론을 내리고, 입학한 지 6개월 만에 학교를 그만뒀다. 그런 그가 간 곳은 도서관이었다.

> 성립제일중학교에 입학하였는데, 나는 이 학교를 좋아하지 않았습니다. 교과과정에 지나치게 제한이 많았고, 규정 또한 못마땅했기 때문입니다. 이 학교에는 여러 가지로 나를 도와준 선생님이 한 분 있었습니다. 그분이 빌려준 《어비통감집람御批通鑑輯覽》을 읽은 뒤에 나는 혼자서 책을 읽으며 공부하는 것이 낫겠다고 결론을 내렸습니다. 입학한 지 6개월 만에 나는 이 학교를 그만두었습니다. 대신에 매일 호남의 성립도서관에서 독서를 하였습니다.
> 나는 규칙적으로 집중해서 매우 열심히 책을 읽었습니다. 아침 일찍 도서관에서 가서, 도서관 문이 열리기를 기다렸습니다. 점심은 떡 두 개로 해결했습니다. 그러곤 도서관 문이 닫힐 때까지 책을 읽었습니다. 이렇게 보낸 6개월이 나에게는 참으로 귀중한 시간이었습니다.
> ― 마오쩌둥, 《모택동 자서전》

이때 마오쩌둥은 마치 소가 남의 밭에 들어가 처음으로 맛있는 풀을 뜯어 먹듯이 죽기 살기로 멈추지 않고 책을 먹어치웠다고 자서전에 밝혔다.

시골에서 농민의 아들로 태어난 그가 위대한 혁명가, 정치가, 사상가, 군사가, 전략가가 될 수 있던 비결, 중국공산당의 역사 그 자체가 될 수 있었던 비결을 모두가 짐작할 수 있을 것이다.

◆ 붓을 움직이지 않으면 독서가 아니다

비록 다른 요인들이 전혀 개입되지 않은 것은 아니더라도, 그의 인생을 바꾼 단 한 가지를 꼽으라면 독서라고 할 수 있다. 그런데 단순히 독서라고 하기에는 너무 광범위하다. 범위를 좁히면 그를 중국의 국부로 만든 것은 남다른 독서법이었다.

그는 이렇게 말했다.

"붓을 움직이지 않는 독서는 독서가 아니다."

마오쩌둥은 '삼복사온三復四溫'이라는 방법으로 책을 읽고, '사다' 독서 원칙을 지켰다. 삼복사온 독서법이란 세 번 반복해서 읽고, 네 번 익히는 것이다. 사다 독서 원칙은 다독多讀, 다사多寫, 다상多想, 다문多問을 말한다. 많이 읽는 '다독', 많이 베껴 쓰는 '다사', 많이 생각하는 '다상', 많이 질문하는 '다문'. 그의 독서에는 읽기, 쓰기, 생각하기, 창조하기가 모두 들어 있다. 여기에 사다 독서 원칙을 더하면 '초서 독서법'과 거의 같다.

그가 아무리 독서를 좋아했더라도, 만약 눈으로만 책을 읽었다면 독특한 견해와 남다른 비판 의식을 갖춘 뛰어난 지도자이자 탁월한 전쟁 전략가가 될 수 있었을까? 그래서 많은 이가 마오쩌둥의 업적, 삶과 함께 그의 독서법을 주목했다. 그의 독서법에 관한 책도 여러 권 출간됐다.

◆ 마오쩌둥의 영원한 스승 쉬터리 선생

마오쩌둥은 스승 쉬터리徐特立에게서 이런 독서 습관을 배워 익혔다고 한다. 마오쩌둥은 쉬터리의 예순 번째 생일잔치를 직접 주관했을 정도로 그를 평생 스승으로 모셨다.

그가 사범학교 시절에 가장 존경하는 스승이 두 명 있었다. 한 명은 양화이중楊懷中이고, 또 다른 한 명은 쉬터리이다. 특히 쉬터리는 세 번이나 퇴학의 위기에서 그를 구해주었기 때문에, 그는 쉬터리를 영원한 스승이라고 말하곤 했다.

쉬터리는 정말 대단한 독서의 대가였다. 청년 교사 시절, 많은 책을 사 읽어서 10년 안에 파산하겠다는 '10년 독서 파산 계획'을 세웠을 정도다. 실제로 그는 8년 만에 무일푼이 됐다. 하지만 그동안 엄청나게 많은 책을 읽었고 그 덕에 명문 학교에서 초빙이 잇달았다.

쉬터리는 독서의 과정보다 결과를 더 중요하게 생각했다. 한 권을 읽어도 제대로 읽어야 하며, 그렇게 정독하는 가장 좋은 방법으로 '붓을 들지 않는 독서는 독서라고 할 수 없다'고 가르친 것이다.

또한 쉬터리는 무슨 일이건 결과가 있어야 한다고 역설했는데, 그

것이 바로 세상 이치였기 때문이다. 또 책에 대해서는 책 자체가 사람과 비슷하다고 피력한 바 있다. 꼭 필요한 사람이나 없어야 할 사람은 극소수이고, 있어도 그만 없어도 그만인, 적당하게 재미만 있는 사람이 많은 것처럼, 책도 꼭 필요한 책보다 흥미만 유발하는 책이 더 많다는 점이 책과 사람의 공통점이라고 했다.

그는 독서의 자세에 대해서도 경고한 바 있다. 아무리 좋은 책이라도 건성으로 읽는 것은 시간 낭비일 뿐이라고 강하게 경계했다. 그래서 열 권을 허투루 읽는 것보다 한 권이라도 제대로 읽는 것이 더 낫다고 했다.

쉬터리는 책을 엄청나게 많이 읽으면서 얻고 잃는 것도, 살고 죽는 것도, 이 모든 인간사가 별것 아님을 깨달았다고 한다. 그는 매사에 침착하고 차분했으며 어떤 일을 하더라도 야비하지 않고 품위가 있었는데, 이 모든 것이 독서 덕분이라고 전해진다.

마오쩌둥에게 훌륭한 스승이 있었기에, 그것도 독서의 대가가 있었기에 그의 남다른 독서 방법과 원칙도 만들어질 수 있었던 것이다.

마오쩌둥의 독서법은 정약용의 초서 독서법과 크게 다르지 않다. 마오쩌둥은 책을 읽을 때 늘 메모했다. 문장 전체를 베껴 쓰는 노트와 요점을 정리하는 노트가 따로 있었고, 이렇게 초서한 노트가 몇 광주리나 됐다고 한다. 초서 독서법에서 가장 중요한 읽고 판단하고 요약하고 기록하는 본질이 다 포함된 독서 습관이다.

뿐만 아니라 마오쩌둥은 많이 생각하고 많이 묻기를 통해 초서 독서법의 세 가지 단계를 완벽하게 실천한 초서 독서법의 대가였다. 책의 주장이나 관점에 대해 찬성하는지 반대하는지를 기록하며, 정약용의 초서 독서법 5단계 중 2~4단계를 거의 완벽하게 실천한 셈이다.

마오쩌둥과 정약용의 독서법에 차이는 없을까? 마오쩌둥도 초서 노트를 별도로 만들기는 했지만, 책에 바로 초서하는 경우도 많았다. 즉 책에 바로 주를 단 것이다. 더 큰 차이점은 초서 노트의 형식이다. 마오쩌둥은 독서 일기 형식을 취했다.

그러나 이는 어디까지나 개인적인 취향이며 형식의 문제이지, 초서 독서법의 본질과 원리는 정확히 일치한다. 마오쩌둥 역시 수동적인 수용이 아니라 적극적으로 책의 내용을 비판하고 취사선택한 뒤, 초서하는 초서 독서법의 가장 중요한 원리와 본질을 그대로 실천한 독서가였다.

2 | 서양의 초서 전문가
마키아벨리, 근대 정치철학의 아버지

◆ 독서 열정이 남달랐던 아버지 베르나르도

마키아벨리는 1469년 5월 3일, 천재들의 도시 피렌체에서 4남매 중 셋째로 태어났다. 위로는 누나가 둘, 밑으로는 남동생이 있었다. 마키아벨리의 집안은 부유하고 신분 높은 귀족 집안은 아니었지만, 한때 피렌체 정부의 요직을 맡을 정도로 위세를 떨쳤다. 그러나 그가 태어날 즈음에는 가세가 기운 상태였다. 그리고 점점 더 궁핍해져갔다.

마키아벨리의 아버지 베르나르도Bernardo di Niccolò Machiavelli는 공중인 자격증이 있었지만 부채가 많아 세금조차 내지 못했다.

마키아벨리는 토스카나 지방 서민에 가깝게 한평생 궁핍한 생활에서 벗어나지 못했다. 베르나르도는 공직에서 파면된 뒤 감옥에 갇혀 고문당하기도 했고, 세금 보고서에 '일정한 직업이 없다'라고 썼을 정도로 경제적으로 최악의 상황이었다. 무려 15년 동안 실업자였던 아버지 밑에서 마키아벨리는 지독한 가난을 경험하며 성장했다.

하지만 베르나르도의 독서와 인문학에 대한 열정만은 뜨거웠다. 그의 유일한 기쁨과 즐거움은 고전을 읽는 것이었다. 게다가 그는 고전 독서의 중요성도 잘 알았다. 그래서 좋은 책을 사고 읽는 데 무척 열심이었다. 일일이 손으로 베껴 책 한 권을 만드는 데 두 달 이상이 걸리던 시대였기에 책값은 우리가 상상도 하지 못할 정도로 비쌌다. 그럼에도 베르나르도는 40여 권이나 장서를 갖고 있을 만큼 독서에 관심이 많았다.

베르나르도는 마키아벨리가 크게 성장하기를 바라며, 어려운 살림에도 최고의 선생들을 불러 책을 읽고 쓸 수 있는 기본 조건인 라틴어와 문법, 그리고 인문학적 기초를 가르쳤다. 마키아벨리가 정규 대학에 입학했는지에 대해서는 논란이 계속되고 있지만, 그가 피렌체 학당에 출석은 했어도 정규 대학 교육을 받지는 못했을 것이라고 학자들은 추측한다. 정규 대학 교육을 받았다면 당연히 읽을 수 있어야 하는 그리스어를 읽지 못했기 때문이다.

마키아벨리가 태어나서 처음으로 읽은 역사서는 로마의 역사가 유스티누스Justinus가 쓴 책으로, 베르나르도가 어딘가에서 빌려 와 읽힌 것이었다. 이 책을 시작으로 마키아벨리는 플라톤, 아리스토텔레스, 크세노폰Xenophon, 헤로디아누스Herodianus, 투키디데스Thucydides, 폴리비오스Polybios 등의 저작을 열심히 읽었다.

베르나르도의 자식에 대한 독서 열정이 매우 뜨거웠음을 알 수 있는 일화가 있다. 베르나르도는 리비우스의 유명한 고전《로마사》를 소장해 아들에게 읽히고 싶었지만 워낙 고가였다. 그래서 그는 피렌체의 인쇄업자에게 가서 출판과 관련된 일을 해줄 테니 임금 대신 열 권짜리《로마사》한 질을 달라고 부탁했다. 결국 베르나르도는 아홉 달 동안 힘들게 일하고 그 대가로 리비우스의《로마사》한 질을 소장할 수 있었다.

마키아벨리는 아버지가 구해다 준 이 책을 혼신을 다해 읽고 또 읽고 또 읽었을 것이다. 책이 귀한 시대였다. 지금처럼 도서관에서 쉽게 책을 빌려 읽을 수 있는 시대가 아니었다. 남들이 정규 대학 교육을 받을 때 마키아벨리는 이 책을 초서 독서하면서 자신만의 정치철학과 세상과 인간에 대한 통찰력을 키우고, 탁월한 문장력을 길렀을 것이다. 인문학적 열정과 고전 독서의 중요성을 알았던 아버지의 자식 사랑이 마키아벨리를 위대한 천재로 만드는 초석이 됐다.

◆ 초서 독서로 문장력이 뛰어났던 마키아벨리

마키아벨리는 29세가 되던 해, 피렌체의 제2서기관으로 임명된다. 이 자리는 굉장히 높은 자리다. 연줄도 없이 정규 대학 교육도 받지 못한 젊은이가 어떻게 이렇게 높고 귀한 자리에 오를 수 있었을까? 아직까지 학자들 사이에서 논란이 많은 부분이다.

나는 그 이유가 마키아벨리가 초서 독서를 통해 뛰어난 문장력을 갖췄기 때문이라고 생각한다.

마키아벨리는 고대 로마 역사가인 리비우스의 《로마사》 한 질을 읽으면서 비판하고, 취사선택하고, 생각하고, 분석하고, 자신만의 견해를 만들며, 이 모든 과정과 결과물의 초서를 바탕으로 자신의 대표작 《로마사 논고》를 썼다. 여기서 끝이 아니다. 《로마사 논고》를 쓰면서 동시에 이 책의 핵심만 초서하고 또 초서해, 다시 말해 가장 중요한 원리와 이치만 뽑아서 《군주론》이란 대작을 썼다.

즉 초서 독서법 다섯 단계 중 가장 중요한 요소들이 다 들어갔다고 할 수 있다. 아니 원리와 본질이 초서 독서법 그 자체다.

결국 그의 모든 저작물의 근원은 초서 독서와 초서하는 습관에 있었다. 초서 독서를 하지 않았다면 《로마사 논고》와 같은 대작은 탄생하지 못했을 것이다.

◆ 초서로 탄생한 《로마사 논고》와 《군주론》

그가 위대한 책들을 저술할 기회는 공교롭게도 그에게 불행이 닥쳤을 때 주어졌다. 옛 정권에 충성했다는 이유로 고문당한 뒤 추방돼 정치적 시민권을 빼앗긴 마키아벨리는 1513년 피렌체를 떠나 시골 산장에 틀어박혀 지냈다. 그로부터 14년 동안은 위대한 창작과 저술의 시기였다. 바로 이때 《군주론》, 《로마사 논고》가 탄생했다. 마키아벨리에게는 가장 침울하고 고독하고 불행한 시기였겠지만, 인류에게는 행운의 시기였다. 당시에 마키아벨리는 고독을 이겨내기 위해 색다른 독서 스타일을 실천하여 삶에 녹아들게 했다.

그는 고단한 일과를 마치고 저녁이 되어 집에 돌아오면 습관처럼 서재에 들어갔다. 하지만 그에게 서재는 우리의 서재처럼 평범한 서재가 아니다. 마치 엄중한 행사를 진행해야 하는 사회자처럼, 혹은 참가자처럼 그는 온종일 옷과 신발에 묻었던 세상 먼지와 진흙을 털어내고 깨끗한 궁정 예복으로 차려입은 후에야 서재에 들어갔다고 한다. 그리고 바로 그 서재에서 그는 옛 선조들의 뜨거운 환대를 받으며, 음식을 먹고, 그들과 대화를 나누는 것을 두려워하지 않으며, 그들의 행적에 대해 궁금한 것들을 끊임없이 질문했다. 그렇게 하면 그들은 어김없이 너무나 정중하게 답변을 해준다. 그렇게 보통 4시간가량 그는 그 어떤 지루함도 느낄 수 없을 정도로, 모든 걱정과 근심과 가난의 두려움도 잊으며, 심지어 죽음의 두려움조차도 잊으며, 그 자신을 완전히 선조들에게 오롯이 맡기는 시간으로 책 읽기를 즐겼다.

그렇다. 마키아벨리는 독서를 눈으로만 하지 않고 온몸으로 했다. 독서에 대한 그의 열정은 세계 최고라고 할 수 있다.

위대한 고전의 반열에 오른 《군주론》이 탄생하게 된 비화를 살펴보는 것도 좋을 것 같다. 마키아벨리는 친구에게 보내는 편지에 '그들의 세계에 전신전령으로 들어가 그들과 나눈 대화를 《군주론》이라는 소논문으로 정리할 생각'이라고 적었다. 이 '그들과 나눈 대화'에서 그들이란 바로 위대한 고전들이다. 즉 위대한 책들을 읽고, 생각하고, 비판하고, 저울질한 그 모든 내용이 바로 책과 나눈 대화인 것이다.

여기서 가장 기본이 되는 생각은 판단과 질문이다. 이 책의 내용이 사실인지 판단하고, 무슨 의미인지 질문하는 것이 바로 생각의 기본 원리다. 이런 점에서 마키아벨리가 매일 저녁 고전의 세계에 들어가 책과 나눈 대화, 즉 초서 독서법의 모든 과정을 통해 《군주론》이 탄생했다는 결론에 도달할 수 있다.

프롤로그에서 초서 독서법은 책을 읽고 그 내용을 익히는 독서법이 아니라, 그것을 통해 새로운 것을 창조하는 독서법, 즉 법고창신의 정신을 실천하는 독서법이라고 설명했다. 이런 초서 독서법의 법고창신 정신을 실천한 사람이 바로 마키아벨리였던 것이다.

나폴리왕국 군대의 침공과 프랑스 샤를 8세 Charles VIII의 침략을 두 눈으로 목격한 마키아벨리는 힘없는 조국의 비참함을 탄식만 할 뿐 속수무책으로 당할 수밖에 없는 시민으로서 어떤 생각을 했을까?

체사레 보르자Cesare Borgia와 율리우스 2세Julius II와 같은 강력한 통치자들이 권력의 부침을 생생하게 보여줬을 때 어떤 정치사상을 가지게 됐을까?

정부 고위 관료였던 그가 하루아침에 투옥되어, 무자비한 고문 속에 악명 높은 날개 꺾기 고문을 여섯 번이나 당했다. 보통 날개 꺾기 고문을 당하면 십중팔구는 죽거나 평생 불구가 됐다고 한다. 그런데 마키아벨리는 무려 여섯 번을 견뎌냈다. 다행히 교황 레오 10세Leo X가 특사를 보내 그의 사면을 부탁한 덕에 가까스로 풀려났으나, 그의 재산은 이미 몰수당한 후였다. 이런 고문 속에서 그는 세상에 대해 어떤 시각을 가지게 됐을까?

국가뿐 아니라 개인적인 삶도 완전히 박살 나버린 그는 과연 어떤 심정으로, 어떤 마음으로 나머지 생을 살았을까?

그가 절망 속에서, 낙심과 좌절의 시기에, 무려 14년 동안 희망도 없는 추방자의 삶을 살면서 집필한 책들은 과연 어떤 세계관, 정치 이념, 철학을 담고 있을까?

절망의 끝에서 쓴 한 인간의 처절한 정치철학과 군주의 행동 강령이 담긴 《군주론》은 과연 어떤 책일까?

이 엄청난 《군주론》에 대해 내가 실제로 초서한 내용을 이 책 후반부에 일부 담았다. 초서 독서법을 실천하고자 하는 독자들에게 참고가 되길 바란다.

레오나르도 다빈치, 인류 역사상 가장 경이로웠던 천재

◆ 다빈치가 천재가 된 세 가지 비밀

인류 역사상 가장 경이로웠던 천재로 평가받는 사람, 이미 500년 전에 비행기, 로봇, 컴퓨터 등을 설계하고 발명가로, 건축가로, 공학자로, 해부학자로, 식물학자로, 회화가로, 조각가로 정상에 오른 인류 최고의 천재 레오나르도 다빈치는 처음부터 천재였을까? 아니다. 레오나르도 다빈치를 천재로 도약시켜준 세 가지 비밀이 있다.

첫째, 4만여 페이지에 달하는 노트다.

둘째, 다독과 병행한 초서다.

셋째, 구텐베르크의 인쇄술 혁명이다.

이 세 가지가 맞물려 인류 역사에서 가장 경이로운 천재를 탄생시켰다. 세 가지 중 하나라도 빠졌다면 천재 다빈치는 탄생하지 못했을 것이다.

레오나르도 다빈치는 1452년 4월 15일 피렌체공화국 빈치에서 공증인이자 지주인 세르 피에로Ser Piero의 아들로 태어났다. 그러나 서자였기 때문에 아버지의 성을 얻지 못했고 정식 교육도 받지 못했다. 대학에도 갈 수 없었고, 의사도, 약사도 될 수 없었다.

그는 14세가 되던 1466년 피렌체로 가서 20대 초반까지 부친의 친

베로키오와 레오나르도, 〈그리스도의 세례〉

구인 베로키오Verrocchio가 운영하는 공방에서 미술 및 기술 공작 수업을 받았다. 1472년, 도제 수업을 마친 그는 피렌체화가조합에 등록해 화가로 이름을 알렸다. 1476년에는 베로키오에 조력해 〈그리스도의 세례The Baptism of Christ〉라는 그림 중 왼쪽 강둑에 있는 천사 두 명과 배경을 그렸다. 그는 그것만으로도 화가로서의 천재성과 존재감을 확실히 나타냈다.

다빈치는 스승의 영향에서 벗어나려 부단히 노력했던 것 같다. 1481년, 밀라노 스포르차 귀족 가문의 화가로 초빙되면서 비로소 피렌체를 떠나 밀라노 시대를 열었다.

1499년까지 밀라노에서 지내며 화가뿐 아니라 다양한 분야로 관심을 확대해나가 엄청나게 책을 읽으며 공부했다. 그 결과 건축가로서의 천재성을 드러내고, 스푸마토Sfumato라는 새로운 화법을 고안해내 첫선을 보였다. 그 유명한 〈모나리자〉가 이 화법을 바탕으로 그려졌다.

30대 후반이 된 그는 학자로서도 엄청난 노트와 결과물을 쏟아냈으며, 〈최후의 만찬〉이라는 걸작도 이때 탄생했다.

1500년부터 1506년까지는 제2의 피렌체 시대를 보냈다. 그의 과학적 연구는 한층 더 심화되고 수준이 높아졌다. 새가 나는 방법, 지질학과 물의 운동, 해부 등에 관한 많은 노트가 이 시기에 남겨졌다.

다빈치가 남긴 노트는 4만여 페이지이고, 자필 원고는 7,000페이지 이상이다. 수천 페이지가 더 있었다고 추정되지만, 현재는 찾을 수가 없다고 한다.

◆ 역사상 가장 치열한 호기심에 불탄 인물

밀라노에서 목격된 다빈치는 항상 허리띠에 작은 노트를 매달고 다녔다. 40년 동안 그가 매일 달고 다니면서 쓴 노트에는 간단한 문장이나 휘갈겨 계산한 흔적부터 심혈을 기울인 과학적 논문과 문학적인 글에 이르기까지 방대한 내용이 기록돼 있었다.

더 놀라운 것은 주제다. 어떻게 도제 수업만 받은 화가가 공기역학·건축학·식물학·의상 디자인·토목공학·군사공학·화석학·수로학·수학·기계학·음악·광학·철학·로봇공학·천문학·무대 설계·기하학·기후학 등을 두루 알았을까?

그는 심지어 의학에까지 관심 범위를 넓혔다. 어떻게 재채기가 나오고, 병은 왜 걸리는지, 몸이 마비되고, 땀을 흘리고, 피곤한 이유는 무엇인지, 몸의 내부는 어떻게 돼 있는지 등 많은 것에 호기심이 넘쳐났다.

그는 '역사상 가장 치열하게 호기심에 불탔던 인물'이다. 고등교육을 받지 못한 것을 한스러워하면서도, 이 불타는 호기심을 풀고자 엄청난 독서를 하기로 굳게 다짐했을 것이다. 20대 초중반부터 30대 초중반까지 약 10년 동안 다양한 습작과 교제를 통한 독학과 훈련을 계속해 자신의 실력을 향상시켜나갔던 것이다.

《탁월함에 이르는 노트의 비밀》이라는 책에 따르면 다빈치는 철저한 도제 수업을 받으며 성장했다. 지적으로 성장하기 가장 좋은 나이인 20세에 성 누가회의 회원이 돼 약제사, 물리학자, 예술가들에게 배우며 화가로서 자리를 잡아가기 시작했다. 그는 약 10년간 다양한 습작을 하며 다방면으로 지적 욕구를 키워갔다.

그가 본격적으로 자신의 실력을 세상에 내보이며 프로로서의 삶을 시작한 것은 아무리 빨라도 30대 초반 이후다. 정식 교육을 받지 못했기 때문에 메디치 가문과 세상으로부터 멸시를 받았던 그는 10년 이상의 세월 동안 독서와 공부를 한 끝에 더 나은 존재로 거듭났다.

그는 20대 중반부터 거의 10년 동안 천재들의 도시 피렌체와 밀라노에서 지내며 엄청난 양의 독서를 한다. 그저 독서만 한 것이 아니다. 초서 독서를 했다. 그것도 양손으로 했다. 이는 그가 남긴 노트를 보면 알 수 있다. 그는 다방면에 걸쳐 방대한 독서를 하면서 모조리 노트하고 초서했다.

다빈치는 왜 이렇게 필사적으로 독서에 매달리게 됐을까?

그가 서자로 태어나 제대로 된 교육을 받은 적이 없어 문맹에 가까웠기 때문이다. 이로 인해 주변 사람들에게 많은 냉대를 받았고, 메디치 가문에서도 멸시를 받았다. 그 냉대와 멸시에 한이 맺힌 다빈치가 돌파구로 선택한 것이 어마어마한 양의 독서였던 것이다.

그런데 만약 다빈치가 50년만 일찍 태어났더라면 그의 선택지에 독서는 포함되지 못했을 것이다. 그가 독서를 결심할 즈음에 어떤 혁명이 일어나지 않았다면 그는 독서도 마음껏 할 수 없는 세상에서 살다 갔을 것이다.

◆ 시대의 혜택을 받은 천재

그 혁명이란 바로 구텐베르크의 인쇄술이다. 그 덕분에 책의 양이 급격하게 늘어났다.

14세기 말, 유럽 전역에 책이 몇 권이나 있었을까? 겨우 수만 권에 불과했다. 책 한 권을 필사하려면 두 달이 걸리는 데다 가격이 상상도 하지 못할 정도로 엄청났기 때문에 다빈치 같은 사람은 책을 읽을 수 없었다. 그런데 다빈치가 20대가 될 즈음 유럽 전역에 책이 급격하게 많아져 수백만 권까지 육박하게 됐다. 그러자 책값이 매우 싸졌고, 책을 접할 기회도 많아졌다. 결국 다빈치는 구텐베르크 인쇄술 혁명의 가장 큰 수혜자인 셈이다.

마이클 화이트Michael White가 쓴《레오나르도 다빈치 최초의 과학자Leonardo: The First Scientist》를 보면 다빈치가 시대적인 혜택을 받았기 때문에 천재로 도약할 수 있었다는 증거를 찾을 수 있다.

앞서 말했듯 다빈치는 정식 교육을 받지 못해 라틴어를 따로 배우지 못했다. 거의 모든 책이 라틴어로 돼 있어, 책을 제대로 읽을 수 없었다. 그나마 읽을 수 있는 책도 수도사들이 엉터리로 번역해놔서 무슨 내용인지 이해할 수 없었다. 그런 와중에 활판 인쇄 발명이라는 인쇄술 혁명이 일어나면서 그리스어 원전으로 된 책들이 넘쳐나게 됐다. 다빈치는 비로소 마음껏 책을 읽고 공부하는 축복을 누릴 수 있었다.

게다가 다빈치가 있었던 피렌체는 부자들의 도시로, 유럽에서도 가장 먼저 책들이 넘쳐나기 시작했다. 피렌체가 단테, 라파엘로, 미켈란

젤로, 메디치, 조토, 카라바조 등을 포함해 천재를 가장 많이 배출한 천재들의 도시라는 것도 전혀 이상하지 않다.

다빈치는 책을 읽으면서 노트에 기록했고, 그 후로 무엇을 하더라도 기록하는 행위를 멈추지 않았다. 그는 생각나는 대로 왼손으로 또는 오른손으로 자유롭게(보다 정확하게 말하자면 문자 그대로 '멋대로 갈겨') 썼고, 그 내용에서 아이디어를 얻었다.

모든 것을 기록하고 노트하는 그답게 독학을 위한 메모도 만들었다. 노트에 남겨놓은 '보조 메모'를 살펴보면, 그가 읽고자 하는 리스트가 빼곡히 적혀 있을 뿐만 아니라 이미 읽은 도서도 정리해놨다.

노트에서 밝힌 그의 독서 리스트 양은 엄청나다.

그가 철학·천문학·지리학·의학·미술학·산수학 등에 관한 다양한 책을 읽으며 독학한 이유는 학교 교육을 받지 못했기 때문이다. 그는 닥치는 대로 책을 읽어 콤플렉스를 극복하려 노력했다. 결과적으로 콤플렉스가 약이 되어 그의 사고와 의식 수준을 한 단계 끌어올려줬다고도 생각할 수 있다.

훗날 그의 놀라운 발견과 발명에 토대가 돼준 것이 바로 이때 초서하면서 읽은 방대한 책들이다. 예술·의학·과학·공학의 기초를 이해하는 데 큰 도움이 된 수많은 책이 그의 스승이었다. 그가 이런 책들을 읽지 않았다면 놀라운 발명은 불가능했다.

다빈치가 방대한 양의 독서, 그것도 초서 독서를 통해 위대한 천재로 도약했다는 사실을 뒷받침하는 주장은 이 밖에도 많다. 찰스 니콜

Charles Nicholl 의《레오나르도 다 빈치 평전Leonardo Da Vinci: The Flights of the Mind》에서 인용한 조각의 대가 로렌초 기베르티Lorenzo Ghiberti 의 주장을 보면, 당시에 조각가나 화가로 활동하려면 인문과학에 대한 견고한 지식이 필요했음을 알 수 있다.

> 일찍이 이런 주장을 했던 사람 중에 피렌체 대성당의 세례당 청동문을 조각한 대가 로렌초 기베르티가 있었다. 그는《주해서》(1450)에서 '조각가와 화가는 문법, 기하학, 철학, 의학, 천문학, 원근법, 역사, 해부학, 이론, 디자인, 산수 등과 같은 인문과학에 대해 견고한 지식을 소유해야 한다'라고 주장했다. 레오나르도는 이런 주제들을 섭렵했을 뿐만 아니라 그 이상을 추구했다. 여러 분야에 걸쳐 전문성을 발휘하는 '르네상스인'의 전형이었던 것이다. ─찰스 니콜,《레오나르도 다 빈치 평전》

찰스 니콜은 다빈치가 정규교육을 받지 못해 방대한 독서에 의존했다는 사실을 뒷받침하는 근거로 필체를 들었다. 왼손과 관련된 것은 모두 불경스러운 것으로 간주하던 시대였기 때문에 그가 정규교육을 받았다면 왼손으로 글씨를 쓰지는 않았을 것이다.

또 대학에 진학하려면 라틴어를 토대로 문법·논리학·수사학·산수·기하학·음악·천문학의 일곱 가지 인문과학을 반드시 공부해야 했다. 그런데 다빈치는 라틴어를 비롯해 이런 인문과학을 공부하지 못했다. 20대 초반, 메디치 가문으로부터 멸시를 받은 이유 중 하나가 바로 여기에 있지 않을까?

그렇다면 그가 독서뿐 아니라 초서 독서의 전문가라는 증거는 무엇일까? 바로 그가 남긴 4만여 페이지에 달하는 노트가 그 증거다. 그리고 그가 한 손이 아닌 양손으로 초서했다는 것도 한몫한다.

그는 매일 독서한 내용과 생각하고 연구한 것을 모두 노트에 기록했다. 자연에서 아이디어를 많이 얻었지만, 그 아이디어를 발명과 발견으로 잇기 위해서는 기초가 되는 원리에 대한 공부가 꼭 필요했다.

과학과 공학의 기초를 배우는 방법은 교육이나 독학밖에 없다. 그가 학교에 다녔다는 말은 어디에도 나오지 않는다. 반면 독학에 노력을 기울였다는 증거는 많다.

다빈치는 왼손잡이인 데다가 특이하게도 그가 쓴 글씨를 읽기 위해서는 거울에 비쳐봐야 한다. 그래서 이 원고는 '거울 원고'라고 불린다. 거꾸로 글씨를 쓰는 버릇에는 놀라운 비밀이 숨겨져 있다. 바로 그가 남다른 공간지각의 소유자라는 점이다.

퀀텀 독서법에서 강조하는 훈련 원리 중 하나가 공간지각 훈련이다. 공감각 훈련과 공간지각 훈련을 통해 3주 만에 독서력이 30배 향상되는 사람이 드물지만 배출된다.

이런 남다른 공간지각 능력을 활용해 다른 방식으로 노트하면 정말 엄청난 일이 벌어질 수도 있다는 것이 나의 주장이다. 다른 것은 몰라도 평생 이런 식으로 노트한다면 그야말로 뇌를 극대화시키고, 강력하게 만들 수 있다. 다빈치는 초서 독서를 하면서 퀀텀 독서법의 공간지각 훈련까지 한 유일한 퀀텀 리더였던 것이다.

3장

뇌와 인생을 바꾸는 초서

적극적인 독서는 그 자체가 가치 있으며, 사업상 성공으로 연결될 수도 있다. 그뿐 아니라 훌륭한 독서란 우리를 격려하여 어디까지나 성장시켜주는 것이다. ─모티머 애들러Mortimer J. Adler

뇌는 늙지 않는다. 문제는 당신이다

당신이 뇌에 대해 어떤 생각을 하든 상관없다. 분명한 사실은 당신의 성공과 부가 당신의 뇌에 달려 있다는 것이다.

불과 몇십 년 전까지만 해도 사람들은 뇌에 대해 전혀 알지 못했다.

그저 뇌세포는 태어날 때 가장 많을 것이라거나, 뇌가 갈수록 늙어갈 것이라거나, 중년 이후부터는 뇌가 굳어져 공부할 수 없을 것이라거나, 머리가 나쁜 사람은 평생 좋아질 수 없을 것이라고 생각했다. 또한 많은 사람이 뇌는 고정된 것이며 선천적으로 타고나는 것이라고 생각했다.

그러나 신경과학적 연구에 의하면 뇌는 매우 유동적이다. 경험과 학습에 의해 충분히 달라질 수 있다. 심지어 뇌세포가 새로 생기기도 한다. 극단적으로 말해, 우리 몸에서 평생 늙지 않고 젊음을 유지하는 유일한 장기는 뇌인지도 모른다.

뇌가 건강해지면 더 행복해지고, 더 현명해지고, 더 많은 일을 잘해 낼 수 있고, 더 건강해지고, 더 부유해지고, 무엇보다 독서를 더 잘할 수 있다.

뇌가 건강하지 못하면 우울해지고, 더 무기력해지고, 더 어리석어지고, 무엇보다 독서도 제대로 할 수 없다.

뇌는 우주에서 가장 복잡한 기관으로 손상과 노화에 매우 취약한 반면, 성장할 수도 있다. 이것이 바로 뇌가소성이다.

뇌과학 분야에서 공로를 인정받아 미국신경학회교육상American Academy of Neurology Teaching Award을 수상한 의학박사 마지드 포투히 Majid Fotuhi가 쓴 《좌뇌와 우뇌 사이Boost Your Brain》에 따르면, 뇌가소성을 결정하는 요인은 다음 세 가지다.

첫째, 뇌에 유입되는 산소의 증가

둘째, 뇌신경영양인자Brain Derived Neurotrophic Factor, BDNF의 농도
　　증가

셋째, 뇌파 활동의 균형

최근의 신경학자들은 '인지 자극 훈련이 피질을 만든다'라고 주장한다. 많은 책에서 이미 훈련이 뇌를 바꾼다는 사실을 인정하고 있다. 훈련이 뇌에 공급되는 혈류량을 증가시키는 것은 분명하다.

뇌를 바꾸면 인생도 바뀐다. 훈련을 통해 뇌를 바꿀 수 있다면 훈련을 하지 않을 이유가 없다.

펜실베이니아대학교의 앤드루 뉴버그Andrew Newberg 교수는 명상 수행자들과 가톨릭 수녀들을 대상으로 한 연구를 통해 모든 형태의 명상이 뇌의 변화와 관련 있다는 사실을 밝혀냈다. 심한 경우에는 초월적인 순간을 경험할 수도 있다고 한다.

이 이야기는 이제 과거의 사실이 됐다. 과거에는 명상·기도·독서로도 충분한 인지 자극 훈련 효과를 봤다. 하지만 과학기술이 발전하면서 인터넷·게임·영화·스마트폰 때문에 인간의 인지 감각은 너무나 빠르게 분산되고, 강한 자극을 받게 됐다. 집중력·이해력·사고력·통찰력·문제 해결력 등이 급격하게 떨어졌다. 깊은 사고와 긴 호흡을 할 수 없게 됐다. 이제 명상·기도·독서로는 효과적인 인지 자극 훈련을 할 수 없다.

지금 시대에는 퀀텀 독서법의 스킬과 훈련법이 효과적인 인지 자극 훈련이 될 수 있다. 뇌가 감당할 수 있을 정도에서 빠르게 책을 읽으면 뇌는 더 흥미를 느낀다. 그래서 쉽게 집중하며 그 덕에 이해력까지 높아진다. 이것이 퀀텀 독서법의 일석이조 효과다. 속도와 이해를 한번에 잡을 수 있는 뇌과학적인 원리다.

세상에서 가장 복잡한 기관, 뇌

뇌는 세상에서 가장 복잡한 기관이다. 무게가 약 1,400~1,600그램인 성인의 뇌에 뉴런 1,000억 개가 들어 있다. 모래 알갱이 크기의 뇌 조직에 뉴런은 10만 개, 시냅스는 10억 개 들어 있다.

미국소비자연구위원회Consumer Research Institute of America가 선정한 최고의 정신과 의사 티머시 R. 제닝스Timothy R. Jennings가 쓴 《뇌, 하나님 설계의 비밀The God-Shaped Brain》에 보면, 인간의 뇌는 데이터를 약 1.25테라바이트 저장할 수 있고 작동 속도는 약 100테라플롭스이다. IBM이 개발한 슈퍼컴퓨터 왓슨의 데이터 저장량은 1테라바이트, 작동 속도는 80테라플롭스이다. 인간의 뇌가 슈퍼컴퓨터보다 더 많은 데이터를 저장하고 더 빠르게 움직인다.

뇌는 대부분의 움직임과 행동을 관장하고 신체의 항상성을 유지하며, 인지·감정·기억·학습 등을 담당한다. 이 뇌가 어떻게 작동하고 얼마나 기능을 잘 수행하느냐에 따라, 즉 뇌의 수준과 뇌력에 따라 우리의 행복도, 효율적인 일 처리, 대인 관계의 거리, 독서력의 지적 수준 등 전반적인 삶의 질이 결정된다. 또한 반대의 경우도 존재한다. 몸과 마음처럼 서로 영향을 주고받는 것이다.

우리가 어떤 생각을 하느냐에 따라 뇌가 변한다. 그리고 뇌의 상태에 따라 우리의 기분과 건강 상태도 영향을 받는다. 악보를 연주하는 상상만 해도 실제와 동일한 운동신경 경로가 활성화되고, 농구 슛을 하는 상상으로도 뇌는 실제와 동일하게 반응하고 변한다.

뇌의 신경세포인 뉴런은 흥분과 자극 등의 정보를 전달하는데, 뇌에 무려 1,000억 개가 있다고 한다. 사실 뉴런의 수에 대한 의견은 분분하다. 정확히 셀 수 없기 때문이다. 어떤 학자는 860억 개로 보고, 또 어떤 학자는 500억 개로 본다. 하지만 대부분 전문 서적에서는 인간의 뇌가 1,000억 개의 뉴런으로 이루어져 있다고 말한다.

이 뉴런과 뉴런을 연결해 뇌 회로의 기능을 책임지는 통로 역할을 하는 것이 바로 시냅스다. 시냅스에서의 신경전달이 뇌 정신 작용의 가장 기본적인 단위다. 시냅스는 서로 연결되어 뇌신경회로를 만들고, 뇌신경회로는 다시 뇌 정신 작용으로 연결된다. 뉴런 하나에 약 1,000~10만 개의 시냅스가 있다. 뉴런은 시냅스를 통해 들어오는 수많은 신호를 분석하고, 이를 종합해 다음 뉴런에 전달하는 역할을 해야 한다. 일종의 컴퓨터와 같은 임무를 수행하는 것이다.

계속해서 사용하는 시냅스 회로는 활성화되고 강화된다. 반대로 사용하지 않고 그 어떤 자극도 주지 않는 시냅스 회로는 약해지고, 축소돼 결국 없어진다.

우리가 독서를 열심히 하면 인생이 달라지는 이유가 바로 여기에 있다. 가장 효과적으로 부작용 없이 뇌 신경회로를 바꾸는 유일무이한 방법이 바로 독서다.

독서나 공부를 하면서 새로운 정보를 습득할 때마다 뇌에는 시냅스가 새로 생긴다. 이것을 '시냅스 생성Synaptic Genesis'이라고 부른다. 이렇게 시냅스를 사용하면 할수록 시냅스가 강화된다.

최초의 독서는 어떻게 일어난 것일까?

최초의 독서가 어떻게 일어난 것인지에 대해 궁금한 사람들은 인간의 역사와 뇌과학, 인지 과학을 엄청나게 공부해야 알 수 있을 것이다. 그러나 이 사실에 대해서 누군가 당신을 대신해 연구하고 공부하여 책으로 출간했다면, 당신은 그 한 권만 읽어도 어느 정도 맥락을 파악할 수 있게 된다. 이것이 바로 책의 힘이다.

이런 책들이 한 권 한 권 모이면 당신은 더 똑똑한 사람이 되고, 당신의 인생을 바꿀 수 있을 만큼 강력한 힘을 발휘한다. 스타니슬라스 드앤Stanislas Dehaene의 읽기의 과학과 진화에 대한 《글 읽는 뇌Reading in the Brain: The New Science of How We Read》라는 책이 바로 위에서 언급한 그런 책 중 하나다. 이 책의 관점을 조금 더 확장하여 쉽게 설명하자면, 인류가 처음 문자를 고안해낸 것은 신경재활용neuronal recycling이라는 가설의 과정에 의해서다. 세상의 모든 문자(영어·일본어·스페인어·한국어 등)는 외견상 매우 다르다. 하지만 뇌의 처리 방식은 매우 비슷하다는 것이 이 책의 주장이다.

인류의 조상은 선천적인 시각적 특화visual specialization 역량에 의존해 물체를 정확히 인지하여 적인지 아군인지, 먹이인지 천적인지를 한눈에 구분할 수 있었는데, 문자와 단어의 인지 능력에는 이보다 더 내재적 역량인 '특화의 특화specialization within a specialization'를 가능케 하는 심화 역량이 필요하다. 동물들은 죽었다 깨어나도 못하는, 오직 인간만이 할 수 있는 영역인 것이다.

인류에게만 존재하는 문자를 처리하는 영역이 있다. 뇌의 좌반구 후두-측두부occipitotemporal sulcus에 자리한 '문자 상자'라는 곳이다. 원래는 패턴 인식을 담당하던 영역이었지만, 점차 문자 처리 전용이 된 것이라고 본다. 이것이 간단히 말해 신경재활용이다.

문자는 5,400년 전에 탄생했고, 알파벳은 3,800년 전에, 그리고 한글은 576년 전에 탄생했다. 이렇게 짧은 시간 내에 읽기 회로가 뇌 속에 장착된 것은 거의 기적이라고밖에는 할 수 없다. 무엇이 인류에게 몇천 년이란 기간 만에 완벽한 시각적 단어 인식을 가능하게 해주었을까? 나는 이것을 '쓰기'라고 생각한다. 확실한 사실은 읽기와 쓰기는 인간이 스스로 만든 능력이나, 이 능력은 인간을, 특히 인간의 뇌를 극단적으로 변화시킨다는 것이다. 읽기보다 쓰기가 열 배 정도는 더 강력한 변화와 성장의 도구가 되었던 나의 경험 역시 이를 뒷받침한다.

어쨌든 인류의 1,000억 개 뉴런이 동시다발적으로 병렬 처리가 이뤄지면서 읽기 시스템이 구축되는 과정은 뇌의 좌반구 후두-측두 영역에 위치한 문자 상자가 단어를 인식해 수많은 다른 대뇌피질 영역에 동시적으로 전파하고, 이렇게 전파된 문자를 뇌가 시각을 사용해서 인식할 뿐 아니라 그것을 개념 및 언어 기능에 연결하기 위해 기존에 구축된 신경 경로를 재활용하는 것이다.

인류가 다른 동물과 달리 독서를 할 수 있는 이유는 시각 기능을 개념 및 언어 기능에 연결할 수 있었기 때문이다. 개념 및 언어 기능에 연결한다는 것은 '십자가'라는 글자를 시각적으로 보는 순간 동시다발적으로 '예수 그리스도', '고난', '고통' 등을 떠올리는 것처럼, 어떤 형태를 인지하자마자 연관 있는 새로운 단어나 의미, 개념을 추론하고 생각해낼 수 있는 연결 기능을 말한다.

세상을 보는 방식과 문자를 해독하는 방식은 다르다. 우리 조상은 글자를 해독하기 위해 뇌에서 사물 인지를 담당했던 시각 영역만을 사용한 것이 아니었다. 오픈 아키텍처Open Architecture 처럼 이미 내장되어 있던 인지 체계를 문자라는 특화된 구조와 시스템을 인지하기 위해, 새로운 인지 해독에 맞도록 연결과 구조를 스스로 만들어 독서를 한 것이다. 인지 적응 능력을 선천적 시각 역량과 인지 능력에 기적적으로 결합한 이전에 없던 새로운 연결이었다. 결국 인간의 독서는 기적이라고 볼 수 있다.

독서가 어떻게 기존의 시각회로를 폐기하지 않고 재활용함으로써 발달할 수 있었는지는 알 수 없다. 정말 놀라운 일이다. 시각 체계에 기존 구조들 사이에서 새로운 회로를 만들어낼 수 있는 역량도 포함되어 있다는 점은 인간의 뇌가 인공지능 AI보다도 더 우수하다는 방증이다.

우리가 능숙하게 독서를 한다는 것은 이런 사실을 내포하고 있다. 망막을 통해 정보가 들어온 뒤, 그것이 텍스트라면 우리 뇌는 그 글자들의 물리적 속성을 특화된 일련의 뉴런으로 처리한다. 그리고 이렇게 처리된 뉴런들은 문자에 대한 정보를 숙달된 조교처럼 자동으로 더 깊숙한 곳에 있는 시각 프로세싱 영역으로 보내고, 바로 그곳에서 문자와 문자 패턴을 인지하는 역할의 세포망은 독서에 있어 가장 중요한 텍스트에 담긴 표상representation을 만들어낸다. 이런 과정이 동시다발적으로 급속하게 일어나는데 이것을 각각 '동시 발화fire together'와 '급속 발화rapid-fire'라고 한다. 이 표상들은 또한 인출 과정을 통해 더 온전하고 강력하게 반복 실행되고, 이런 과정을 거쳐 독서 능력이 완성된다.

이 모든 과정의 효과를 두세 배 이상으로 극대화시켜주는 것이 손으로 쓰는 과정이다. 훌륭한 인출 과정인 손으로 쓰는 방법을 통해 초서 독서법은 엄청난 독서력 향상을 도출해낼 수 있다. 내가 세상에서 가장 강력한 독서법이라고 주장하는 이유다.

독서는 뇌 운동이다

독서를 하면 어떤 효과가 있을까? 우리는 단순히 상상력이나 사고력이 좋아지고 간접 경험이나 지식, 정보 등이 확장돼 똑똑한 사람, 유식한 사람이 될 수 있다고 생각한다.

그러나 독서의 효과는 이 정도가 아니다. 책을 읽으면 소프트웨어만 바뀌는 것이 아니라 근본적으로 뇌의 회로가 새롭게 만들어지는 기적이 일어난다.

어떻게 이런 기적과 같은 일이 가능할까? 바로 뇌가 가진 결핍 때문이다.

청각 혹은 대화와 관련 있는 뇌 회로는 태어날 때 이미 선이 연결돼 있다. 하지만 텍스트 혹은 읽기와 관련해서는 배선은 고사하고 선조차 없는 상태로 태어난다. 바로 이런 이유에서 배우고 익히는 것이 고생스럽고, 숙달된 독서가가 되기가 그렇게도 힘든 것이다.

많은 독서 전문가가 독서가의 유형을 다섯 단계로 나눈다.

1 | 가장 낮은 수준 _ 입문 단계 예비 독서가

2 | 초보자 수준 _ 초보 독서가

3 | 중급자 수준 _ 해독하는 독서가

4 | 고급자 수준 _ 유창하게 독해하는 독서가

5 | 전문가 수준 _ 숙련된 프로 독서가

모두가 책을 읽는다고 뇌 회로가 생성되는 것은 아니다. 최소한 중급자나 고급자 수준 이상이 돼야 한다. 안타깝게도 한국에는 1~2단계 독서가가 너무나 많다. 그래서 독서를 통해 인생이 바뀐 사람이 많지 않은 것이다. 명심하자. 독서로 인생이 바뀌기 위해서는 4~5단계 수준은 되어야 한다.

1단계 예비 독서가와 5단계 프로 독서가는 뇌가 근본적으로 다르다. 프로 독서가는 책을 읽을 때 그리 많은 노력이 필요하지 않다. 운전과 같다. 초보 운전자일 때는 의도적으로 노력해서 운전해야 한다. 온종일 운전하면 엄청나게 피곤하다. 반면 30년 정도 매일 운전한 사람은 거의 무의식적으로 운전한다고 해도 과언이 아니다. 힘이 하나도 들지 않는다. 숙달됐기 때문이다.

독서도 이와 같다. 독서에 숙달된 독서 고수들은 이미 책을 많이 읽어서 특화된 뇌의 부위가 독서 모드로 돌입하는 즉시, 시각 정보를 음운론적 정보와 의미론적 정보로 표상하고, 이 표상한 메시지를 통합하고 추론하고 이해하고 비판하여 인출까지의 일을 거의 무의식적으로 처리한다.

　독서는 선천적인 능력이 아니다. 태어난 그 상태에서 학습과 성장을 하지 않고 뇌의 구조를 스스로 바꿀 수 없다면 우리는 독서라는 것을 할 수도, 책이라는 것을 발명할 수도 없었을 것이다. 하지만 인간의 뇌는 스스로 새로운 연결을 만들어내는 기적과 같은 능력이 있다. 알파고가 딥러닝을 통해 스스로 능력을 향상하는 것을 생각하면 이해가 쉽다. 그런데 인간의 뇌는 알파고와 비교조차 할 수 없을 정도로 더 위대하다.

　기존 구조 안에서 새로운 연결을 통해 만들어진, 독서를 할 수 있는 뇌 회로가 없으면 독서는 불가능하다. 독서를 통해 뇌 회로가 더욱더 강화되고 연결이 긴밀해지며 뇌의 기능이 점점 더 향상된다.

　독서는 뇌의 회로를 새롭게 만들고 새로운 연결을 통해 뇌 구조를 바꿔준다.

　나는 책을 많이 읽으면서 이런 사실을 생생하게 체험한 적이 수도 없이 많다. 독서하면 실제로 뇌가 바뀌고 뇌 인지 회로가 새롭게 생성된다. 독서하는 동안 뇌는 망막을 통해 들어온 문자들의 물리적 속성을 전기화학적 신호로 바꿔 일련의 뉴런들로 처리한다. 이 뉴런들은 더 깊숙한 곳에 있는 뇌의 실질적 자동처리 영역으로 보내진다. 시각 프로세스와 함께 글자의 모든 표상과 프로세스가 뇌의 각 영역에서 동시에 발화하면서 시각·청각적 정보와 함께 글자의 의미론적·음성론적·통사적·추론적 정보를 흡수하고 통합해 각각 흩어져 있는 정보와 개인적 식견과 생각을 연결한다.

독서하면서 새로운 것을 배우고 새로운 생각을 할 때마다 뇌에 있는 뉴런이 새로운 연결과 경로를 만들어낸다. 이렇게 스스로 구조를 바꾸고 편성을 달리함으로써 다양한 기능과 명령을 수행하고 수용하는 시스템을 컴퓨터과학자들은 '오픈 아키텍처'라고 부른다. 이러한 설계와 뇌가소성 덕분에 우리는 독서할 수 있는 회로 자체가 없는 뇌로 태어났음에도 후천적으로 독서할 수 있는 뇌 회로를 만들어 책을 읽는 것이다.

결국 독서는 뇌의 활동이다. 그것도 아주 놀라운 활동이다. 더 놀라운 사실은 뇌와 무형의 인간 지성이 회로처럼 함께하는 행위라는 점이다. 즉 독서는 눈에 들어온 텍스트가 전해주는 메시지와 함께 책을 읽고 있는 인간의 지적 수준, 추론, 생각, 감정까지도 합해져 더 풍성해질 뿐 아니라 새로운 것들을 창조해낸다. 그래서 독서는 기적인 것이다.

문제는 빈약한 독서가들이다. 독서 능력이 부족한 사람은 너무나 형편없는 것들을 만들어내거나 심지어 그 어떤 것도 창출해내지 못한다. 반면 독서력이 높은 독자일수록 무궁무진한 것들을 창출해낸다.

이런 이유에서 독서력을 향상해야 하는 것이다.

일본 최고의 뇌 영상 연구 권위자인 가와시마 류타川島隆太 교수는 책을 많이 읽으면 뇌의 사령탑인 전두전야가 많이 발달한다는 사실을 발견했다. 나아가 뇌의 피질이 생성되고, 해마가 커지고, 장기기억에 꼭 필요한 단백질인 BDNF가 증가한다. 다시 말해 뇌의 하드웨어가 새로 만들어진다.

독서는 무에서 유를 창조하는 기적과 같다. 이것을 가능하게 하는 것이 바로 뇌가소성 혹은 신경가소성이다. 그리고 신경가소성이 가능한 이유는 신이 우리에게 선사한, 우주의 별보다 많은 1,000억 개의 뉴런과 100조 개의 시냅스가 연결된 보물과 같은 인간의 뇌 때문이다.

그런데 이런 뇌가소성이 있어도 지속적·반복적·효과적으로 인지 자극 훈련을 하지 않으면 소용이 없다. 그래서 독서하지 않는 사람과 독서하는 사람의 격차가 그렇게 큰 것이다. 효과적이고 제대로 된 독서를 하는 사람과 비효율적이고 잘못된 이른바 밑 빠진 독서를 하는 사람의 격차가 상상보다 큰 이유도 바로 이 때문이다.

평생 초서 독서를 하는 사람은 뇌의 신경가소성을 키우고, 뇌의 인지 회로를 밀도 있게 재편하고 만들어나간다. 성인의 뇌에 관한 여러 연구에서 다양한 인지 활동의 효과가 입증됐다.

아일랜드 더블린의 트리니티대학 신경과학자인 이안 로버트슨Ian Robertson 박사는 노인 약 3,000명에게 몇 주 동안 10시간 분량의 뇌 훈련을 받도록 했다. 그 결과 노인들의 인지 기능이 상당 수준 향상됐

으며, 그 효과가 계속 유지됐다고 한다.

운동을 하면 건강해지고 무엇보다 근육이 발달한다. 뇌도 이와 다르지 않다. 뇌에 있어 운동은 바로 독서다. 독서를 많이 하는 사람은 뇌가 건강하고, 뇌 근육도 굉장히 발달되어 있다.

책을 읽으면 다양한 자극과 간접경험을 뇌에 제공하고, 이를 통해 뇌의 전두전야가 발달한다. 인간 진화의 핵심이 바로 뇌에 있는 것이다. 독서로 단순히 지식만 얻는 것이 아니다. 독서한 내용을 생각하고 그것을 손으로 쓰는 과정을 통해 뇌가 재창조되고, 변화를 경험한다.

초서 독서법은 특히 더 강력한 자극과 경험을 뇌에 제공할 수 있다. 초서 독서법은 새로운 뉴런이 더 많이 형성될 수 있도록 하고 뇌의 회로를 급격하게 바꾼다.

그뿐만이 아니다. 신경가소성은 장기강화Long-Term Potentiation, LTP를 통한 신경 형성에 의해 일어난다. 장기강화는 세포 사이에 자극이 지속될 때 발생한다.

일반 독서는 눈으로만 읽기 때문에 장기강화가 일어나기 힘들지만, 초서 독서법은 손을 사용해 뇌를 자극하고 활성화하기 때문에 뇌 세포 사이에 자극이 강하게, 지속적으로 발생한다. 바로 이런 이유에서 초서 독서법이 뇌를 깨우고 활성화시키고 자극하는 독서법이라고 할 수 있는 것이다.

뇌 회로를 강화하는 두 가지 조건

뇌는 어떻게 정보와 신호를 주고받을까?

뇌의 각 영역은 신경섬유다발로 이루어진 연결망, 즉 뇌 회로 네트워크를 통해 신호를 주고받는다. 책을 읽고 장기기억으로 장기강화를 잘하기 위해서는 해마와 전두엽이 신호를 전송하는 속도가 빠르고 회로의 폭이 넓을수록 좋다.

해마와 전두엽이 교신을 잘할수록 이해력과 사고력이 높아진다. 이렇게 해마와 전두엽이 교신을 제대로 하려면 두 가지 조건을 충족해야 한다.

첫째, 신경섬유다발을 이루는 시냅스가 충분히 형성돼 있어야 한다.
둘째, 뉴런의 미엘린화myelination가 완벽하게 고착돼 완성되어 있어야 한다.

이 두 가지 조건이 충족되면 뇌 회로가 강화되고, 뇌 기능이 향상된다.

어떻게 하면 시냅스를 더 많이 형성할 수 있을까?

많은 연구 결과, 효과적인 인지 자극 훈련이 시냅스와 피질을 생성한다는 사실이 밝혀졌다.

뿐만 아니라 성인이 된 인간의 뇌에서도 뉴런이 만들어진다. 그런데 일종의 비료 역할을 하는 BDNF가 없으면 뉴런이 곧바로 소멸해

버린다.

BDNF는 최근 신경학계에 혜성처럼 등장한 뇌신경영양인자다. 해마의 뉴런 생성의 필수 재료이자, 장기기억에 반드시 필요한 인자이며, 사고력과 의사 결정을 관장하는 전두엽의 뉴런을 최고의 상태로 유지하는 데 도움을 주는 인자다.

2017년, MIT의 도네가와 스스무利根川進 교수 팀은 인류 최초로 단기기억이 장기기억으로 변화되는 과정을 규명해 노벨상을 수상했다. 그가 규명한 장기기억 변환 과정의 핵심은 해마였다. 단기기억이 장기기억으로 고정화될 때 놀랍게도 신경회로가 해마에서 대뇌피질로 바뀐다. 뇌가 모든 사건에 대한 기억을 두 군데에 만드는 것이다. 하나는 해마에, 또 하나는 장기기억을 위해 대뇌피질에 말이다. 중요한 점은 해마와 피질 사이에 정보 교류가 이루어지지 않으면, 즉 해마가 대뇌피질에 신호를 주지 않으면 대뇌피질의 장기기억은 제대로 성숙되지 못하고 사라져버린다.

해마와 대뇌피질 사이에 정보 교류가 활발하게 이루어지지 않으면 우리는 장기기억을 잘할 수 없다. 그리고 해마가 클수록 정보 교류가 활발해진다.

여기서 가장 중요한 역할을 하는 것은 해마이고, 그다음이 대뇌피질이다. 이 이야기를 하려고 약간 어려운 뇌과학 이야기를 했던 것이다. 결론적으로 해마의 크기를 키우는 것이 가장 중요하다.

해마에 가장 해로운 것은 장기적인 스트레스다. 만성적인 불안과

알코올 섭취는 해마를 위축하고 기억 능력을 저하한다. 스트레스는 백해무익하다.

초서 독서법이 해마와 피질을 만든다

그렇다면 어떻게 해야 해마의 크기를 효과적으로 키울 수 있을까? 결론부터 말하자면, 퀀텀 독서법의 스킬과 훈련처럼 효과적으로 뇌를 자극하고 뇌의 각 영역을 활성화시키는 인지 자극 훈련이 해마의 크기를 효과적으로 키운다.

2008년, 엠마 G. 듀어든Emma G. Duerden과 다니엘 라메르 뒤르 듀폰Danièle Laverdure-Dupont은 신경과학학회지인 〈저널 오브 뉴로사이언스The Journal of Neuroscience〉에 '훈련이 피질을 만든다Practice Makes Cortex'라는 제목의 논문을 발표했다. 논문의 요지는 다음과 같다.

> 새로운 정보나 기술을 습득하고 꾸준히 인지 기능 훈련을 하면 인지 기능이 개선되고 뇌 영역이 재구성된다. 뇌의 다른 영역과 소통하는 능력도 향상될 뿐 아니라 뉴런과 시냅스가 생성되고, 해마를 비롯한 피질 전반의 크기가 커진다.

뇌의 각 부분을 시공간적으로, 오감을 넘어 다중 감각적으로, 강력하면서 새로운 자극을 반복적·주기적으로 줄 수 있는 훈련이나 방법이 없을까?

바로 초서 독서법이 지금까지 알려진 독서법 중 가장 강력한 뇌 강화 인지 자극 훈련이다. 많은 뇌과학자가 명상이나 독서가 훌륭한 인지 자극 훈련이라고 말한다. 그런데 초서 독서법은 기존 독서법보다 훨씬 강력한 인지 자극 훈련이다. 읽기, 쓰기, 생각하기, 창조하기가 복합적으로 포함된 행위이기 때문이다. 이 네 가지 행위를 동시에 하면 뇌가 고루 강한 자극을 받는다.

레오나르도 다빈치의 경우를 다시 떠올려보자. 양손으로 글을 썼는데, 글이 뒤집어져 있어 그의 글을 보려면 거울로 비춰야 한다. 평생이런 식으로 글을 쓰려면 일단 공간적으로 엄청난 자극을 주기적으로 줘야 한다. 매일 초서 독서를 했다면 매일 반복적으로 줄 수 있는 강력하고도 낯선 자극이 아닐 수 없다. 결국 다빈치는 일반인들보다 더 강력한 뇌 강화 인지 자극 훈련을 매일 스스로 한 보기 드문 사람 중한 명이었다.

초서 독서법은 최고의 인지 자극 훈련이다. 초서 독서를 하면 해마와 피질이 생성된다. 그리고 해마와 피질이 생성되면, 이해력과 기억력이 모두 좋아질 뿐 아니라 뇌 기능이 전반적으로 향상된다.

인류는 책을 읽도록 태어나지 않았다

독서는 기적이다. 그리고 그 기적의 중심에 있는 것은 책이 아니라 그 책을 읽는 우리의 뇌다. 독서하면 뇌가 스스로 재편성하고 재구성하며, 심지어 생성하고 그 기능과 능력을 확장한다.

독서는 특별하고 독창적이다. 독서는 본질적으로 텍스트가 뇌에 펼치는 유익한 기적이다. 그럼에도 독서 능력은 인간이 타고난 선천적인 능력이 아니다.

독서라는 행위는 인간이 만들어낸 발명품이다. 인간은 스스로 만들어낸 발명품으로 뇌 기능을 강화했고, 사고 능력을 확대했으며, 결국 인간의 인지 능력을 바꿔놨다. 이런 측면에서 독서는 인류 역사상 가장 중요한 최고의 발명품이라고 할 수 있다.

인간이 이렇게 위대한 발명을 할 수 있었던 것은 뇌가 가진 특별하고 놀라운 능력 때문이다.

뇌는 어떻게 독서를 배우는 것일까?

인간의 뇌는 소리에 관한 회로가 이미 연결돼 있다고 앞에서 설명했다. 그러나 텍스트에 관한 뇌 회로는 고생스럽게 추가 조립해야 한다.

숙련된 독서가, 즉 독서 천재가 적은 이유가 바로 그것이다. 글자를 읽을 수 있는 것과 독서를 제대로 할 수 있는 것은 다른 일이기 때문이다.

초보 독서가의 뇌와 독서력은 숙련된 독서가의 그것과 매우 다르다. 초보 독서가가 책 한 권을 독파하기 위해서는 아주 많은 인지적·운동적 과정이 필요할 뿐 아니라 많은 에너지와 시간이 소모된다. 반면에 숙련된 독서가는 책 한 권을 독파하는 데 아주 적은 인지적·운동적 과정만이 필요하고, 뇌 회로의 경로 또한 간결하고 효율적이다.

다시 말해 독서를 잘할 수 있도록 재구성되고 강화된 숙련된 독서가의 뇌는 초보 독서가의 것과 비교해 아주 적은 양의 뉴런만이 해독에 필요하므로 여유가 있다. 이 여유는 초보 독서가가 독서할 때는 거의 할 수 없는, 우뇌의 각회 영역angular gyrus에 의해 단순한 해독 이상의 고차원적인 독서 프로세스를 즉시 가동시킨다. 즉 숙련된 독서가는 독서할 때 보다 많은 측두엽과 두정엽의 영역들이 개입한다.

결론은 이것이다. 초보 독서가와 달리 숙련된 독서가는 뇌의 다양하고 많은 부분을 사용한다. 이것은 독서가 우리의 뇌를 바꾼다는 확실한 증거다. 우리는 책을 읽을 수 있는 뇌 회로를 타고나지 않은 만큼 스스로 뇌 회로를 만들고 강화시켜야 한다. 독서를 하면 할수록 뇌의 다양하고 많은 부분을 연결해 사용할 수 있다.

명심하자. 저절로 독서를 잘하는 길은 없다. 효과적인 방법으로 독서해야 하고 독서력을 향상하는 좋은 독서법도 전략적으로 체득해야 한다. 여러 가지 방법과 노력이 합해져야 숙련된 독서가가 될 수 있다.

영구적인 장기기억을 건설하라

기억을 크게 나누면 단기기억과 장기기억으로 나눌 수 있다. 단기기억은 30초 정도 기억하는 짧은 기억이고, 전기화학적 차원의 기억이다. 장기기억은 이런 수준을 훌쩍 뛰어넘는다. 거의 영원히 할 수 있는 단백질 차원의 기억이다. 단기기억은 잠시 번쩍하고 없어지지만, 장기기억은 한강에 다리가 만들어지고 철로와 도로가 새로 깔리는 것과 같다. 그래서 장기기억을 하게 되면 뇌 회로가 재편되는 것이다. 뇌가소성 덕분에 이런 인류의 진화가 가능했다.

독서를 기억 측면에서 보면 크게 두 종류로 나눌 수 있다. 하나는 단기기억에 그치는 독서, 다른 하나는 장기기억을 하는 독서다.

눈으로만 읽는 독서는 90퍼센트 이상이 단기기억 독서다. 반면 손을 사용하는 독서는 장기기억 독서가 될 확률이 높다. 손을 자주 사용하면 머리가 좋아지고 뇌가 활성화되며 뇌에 새로운 네트워크가 생성된다. 일시적 변화나 성장에 그치는 것이 아니라 영구적이다. 다시 말해 소프트웨어적인 변화나 성장이 아닌, 하드웨어적인 창조와 새로운 도로나 길의 건설이다.

기억의 신비에 대해 잠깐 살펴보자. 우리는 도대체 어떻게 기억을 하게 되는 것일까?

수많은 연구와 실험 결과, 뇌에서 기억과 가장 관련이 큰 부분이 해마라는 사실이 밝혀졌다. 해마는 약 5센티미터에 불과하다. 하지만 그 역할은 상상을 초월한다.

뇌과학 분야에서 가장 유명한 환자가 한 명 있다. 이 사람은 이름보다 별명이 더 유명하다. 'HM'이라는 환자로 27세 때 간질 발작을 치료하기 위해 측두엽에 있는 해마를 절제하는 수술을 받았다. 수술은 성공적이었지만, 안타깝게도 전혀 예상치 못한 단기기억 상실 증상이 나타났다. 해마를 제거한 환자는 더 이상 새로운 일을 기억할 수 없는 반면 제거 이전의 일들은 비교적 잘 기억했다. 이 사례를 통해 해마가 기억을 만드는 중요한 부위라는 사실이 밝혀졌다.

다시 말해 해마는 새로운 기억의 생성과 저장에 가장 중요한 역할을 한다. 이렇게 중요한 역할을 할 수 있는 이유는 신경회로망이 가장 복잡하게 연결돼 있고, 또 이것이 대뇌피질과 긴밀하고 복잡한 네트워크를 형성하고 있기 때문이라고 추측된다.

새로운 정보가 뇌에 입력되면 1,000억 개나 되는 뉴런이 그 자극의 강도와 밀도에 따라 전기신호를 만들어낸다. 이 전기신호는 뉴런에 있는 기다란 돌기인 축삭을 따라 전달된다. 정보가 전달되기 위해서는 뉴런에서 뉴런으로 전기신호가 전달돼야 한다.

그러나 뉴런과 뉴런은 떨어져 있다. 같은 서울이지만 강남과 강북이 한강을 사이에 두고 떨어져 있는 것처럼 말이다. 강남에서 강북으로 가려면 어떻게 해야 할까? 두 가지 방법이 있다. 한강을 건널 때마다 배를 타는 방법과 아예 다리를 만들어놓고 필요할 때마다 그냥 걸어가는 방법이다.

여기서 전자가 단기기억, 후자가 장기기억이다. 전자의 경우에는 뉴런과 뉴런 사이에 한강 같은 것이 존재한다. 그것이 바로 100조 개나 되는, 길처럼 보이지만 실은 떨어져 있는 시냅스다. 배와 같은 역할을 하는 것은 신경전달물질이다.

뉴런은 입력을 담당하는 수상돌기와 출력을 담당하는 축삭돌기로 이루어져 있다. 뉴런과 뉴런 사이의 시냅스를 건너기 위해 신호를 보내는 쪽의 축삭돌기는 신경전달물질을 내보내고, 신호를 받는 쪽의 수상돌기는 이 물질을 수용함으로써 신호가 전달된다.

장기강화는 뉴런을 동시에 자극함으로써 두 뉴런의 신호 전달이 지속적으로 향상되는 현상을 말한다. 뉴런은 시냅스 결합을 통해 신호를 전달한다. 기억은 이 시냅스에 축적돼 있다고 여겨진다. 장기강화는 학습과 기억의 주요 세포학적 메커니즘의 하나로, 장기강화를 하면 없던 시냅스가 생겨나고 없던 항로가 만들어진다. 이것이 바로 장기기억이다. 없던 항로가 만들어지고 없던 골목길이 만들어질수록 정보 전달은 효과적으로 이루어진다.

초서 독서법으로 책을 많이 읽을수록 전기화학적 차원의 단기기억에서 머물지 않고, 단백질 차원의 장기기억이 많아진다. 새로운 항로, 지하철 선로, 골목길이 더 조밀하게 만들어진다.

기억과 관련된 뇌과학에 대해 조금 더 살펴보자. 기억의 관문인 주의 집중력을 높여야 기억력이 향상된다. 주의 집중력은 뇌에 있는 자원을 재구성하고 신경가소성을 높이는 데 매우 중요하다. 주의 집중하게 하는 것은 전두엽의 기능이다. 전두엽은 뇌의 다른 부분들에게 무엇이 중요하고, 뭘 기억해야 하는지 알려준다.

단기기억은 저장하는 데 한계가 있지만, 장기기억은 그런 제약이 없다. 장기기억은 계속해서 채워질 수 있으며, 뇌의 특정 부위에만 저장되지 않는다. 오히려 뇌의 여러 부위가 역동적으로 활동한 산물이다. 장기기억은 또다시 명시적 기억과 암묵적 기억으로 나뉜다. 명시적 기억은 사실과 서술적 경험과 기억을 포함하고, 암묵적 기억은 절차적 기억과 정서 기억을 포함한다.

손, 외부로 나온 뇌

우리 뇌에는 망상활성계라는 시스템이 있다. 이 망상활성계는 뇌 효율성을 위해 존재하는 신경망 경로라고 할 수 있다.

우리가 1초 동안 받아들이는 시각적 정보만 해도 어마어마하다. 이런 정보를 모두 장기기억 한다면 10년만 살아도 뇌가 너무나 무거워질 것이다.

뇌의 효율성을 위해, 정말 필요한 것을 제대로 잘 기억하기 위해, 불필요한 것들을 망각하는 장치를 활성화하는 것이 바로 망상활성계다.

아무리 많은 정보가 입력돼도 30초 정도만 잠깐 기억하고 망각해야 할 것들을 선별하는 여과 장치인 것이다.

책을 읽을 때 그 내용은 단기적 기억으로 그칠 수도 있고, 장기적으로 오랫동안 저장될 수도 있다. 그 차이를 결정하는 것이 바로 망상활성계다. 눈으로만 하는 독서는 망상활성계를 어김없이 가동시킨다. 그래서 읽고 나면 머릿속에 남는 것이 하나도 없는 '밑 빠진 독에 물 붓기' 독서가 된다.

이런 시간 낭비를 막기 위해서는 망상활성계를 뛰어넘는 독서법이 필요하다. 그것이 바로 손으로 하는 독서와 뇌로 하는 독서다. 전자가 초서 독서법이고, 후자가 퀀텀 독서법이다.

여기서는 초서 독서법에 대해서만 이야기하겠다. 퀀텀 독서법이 궁금하다면 졸저《1시간에 1권 퀀텀 독서법》을 읽어보길 바란다.

초서 독서법은 손을 사용한다. 손으로 책의 내용과 함께 자신의 생각과 판단도 기록한다. 그러면 뇌는 이 정보들이 매우 중요한 정보라고 판단해 망상활성계를 가동시키지 않는다. 뿐만 아니라 손을 사용하기 때문에 뇌 전체가 자극받고 활성화된 상태를 유지한다. 이런 이유 때문에 초서하면 평소 자신의 사고력을 뛰어넘는 생각들을 하게 된다. 천재로 도약하는 훈련을 자신도 모르게 하게 되는 것이다.

우리가 책의 뒷부분을 읽으면서 앞부분을 잊지 않을 수 있는 것은 기억력 때문이다. 단기기억만 하는 사람들은 휘발성 메모리인 램RAM

처럼 끄자마자 그 기억들이 사라진다. 다음 날 다시 책을 펼쳐보면, 읽기는 읽었지만 무슨 내용인지 하나도 기억하지 못한다. 하지만 초서 독서법으로 책을 읽으면 램이 아닌 디스크에 데이터 같은 형식으로 저장되기 때문에, 컴퓨터를 아무리 끄거나 켜도 기억이 사라지지 않는다.

칸트의 말처럼 "손은 바깥으로 드러난 또 하나의 두뇌"다. 손은 뇌의 명령을 받는 운동기관이면서 동시에 눈과 함께, 뇌에 가장 많은 정보를 제공하는 감각기관이다. 손을 움직이는 것처럼 손이 어떤 변화를 받아들일 때 뇌는 활성화된다. 손을 사용함으로써 뇌가 진화했고, 뇌가 진화함으로써 손을 더 잘 사용할 수 있게 됐다. 즉 손과 뇌는 상호 보완적인 역할을 해왔다.

일본의 대표적 뇌과학자인 구보타 기소久保田競 교수는 끊임없이 손을 사용해야 비로소 진정한 창조적 두뇌를 얻을 수 있다고 주장했다. 창의성은 곧 손에서 나오며, 손은 외부에 나온 뇌라는 것이다.

4장 |

최고의 공부법, 초서

> 독서에는 세 가지가 있는데, 입으로 읽고, 눈으로 읽고, 손으로 읽는 독서다. 그중에서 가장 중요한 것이 손으로 읽는 독서 '초서'다. — 정약용

어떻게 공부할 것인가

연속적인 반복 읽기가 과연 기억을 강화시킬까?

우리가 의심 없이 수용했던 기존의 밑줄 긋기, 강조하기, 벼락치기, 반복 학습, 집중 연습 등과 같은 공부 방식들이 과연 효과적이고 옳은 것일까?

인간의 학습과 기억력에 대해 170편이 넘는 논문을 발표해 가장 활발하게 인용된 과학자 명단에 오른 헨리 뢰디거Henry Roediger는 "대부분 사람은 잘못된 방식으로 배우며 공부하고 있다"라고 피력한다.

워싱턴대학교 과학자들이 다섯 개 지문을 한 번만 읽은 집단과 연달아 두 번 읽은 집단으로 학생 148명을 나누어 그들이 뭘 배우고 기억했는지 알아보는 연구를 했다. 그 결과 연속적인 반복 읽기는 어떤 집단, 어떤 학교, 어떤 조건에서도 효과적인 학습법이 아니라는 사실이 밝혀졌다.

반복 읽기가 효과적이지 못한데도 많은 이가 선호하는 이유는 뭘까? 교재를 여러 번 읽어 익숙해지면 내용을 완전히 소화했다고 착각하기 때문이다.

우리는 대개 잘못된 방식으로 배우고, 공부하고, 독서하고 있다. 때문에 책도 많이 읽고 공부도 많이 하는데 성과가 미미한 것이다.

헨리 뢰디거와 마크 맥대니얼Mark McDaniel은 《어떻게 공부할 것인가Make It Stick》라는 책을 통해 125년의 학습 연구와 40년의 인지심리학 연구, 학자 11명이 10년 동안 수행한 인지심리학 응용 연구 성과를 집대성한 성공적인 학습의 과학을 알려주면서, 대부분 사람이 아무 의심조차 하지 않고 따르는 일반적인 공부법은 모두 헛수고라고 주장한다. 그들이 주장하는 최고의 공부법은 놀랍게도 정약용이 실천했던 초서 독서법과 여러 면에서 일치한다.

그들이 밝힌 최고의 공부법과 초서 독서법의 공통점은 무엇일까?

가장 큰 특징 몇 가지를 살펴보면 다음과 같다.

첫째, 자신이 뭘 알고 모르는지를 스스로 자각한다.
둘째, 스스로 질문하고 대답하고 판단하고 저울질한다.
셋째, 눈으로만 읽고 공부하는 쉬운 공부법이 아니다.
넷째, 제대로 소화시키기 위한 인출 작업을 하는 공부법이다.
다섯째, 기억에 오래 남는 정교화 작업을 하는 공부법이다.

공부를 못하는 학생들에게서 흔히 찾을 수 있는 문제점이 자신이 얼마나 무지한지 모르며, 지식을 쌓기 위해 어떤 전략과 방법을 써야 하는지 모른다는 것이다. 이들은 대부분 여러 번 반복해서 읽기와 같은 너무 쉬운 공부 방법을 선호한다.

공부를 잘하는 학생들은 스스로 질문하고 대답하고 판단하고 저울질하는 능력이 뛰어나다. 쉬운 방법보다는 제대로 소화시키고 자기 것으로 확실하게 만드는 인출 작업을 한다. 그리고 공부한 것이 오랫동안 머리에 남을 수 있도록 정교화 작업을 한다.

초서 독서법은 메타인지 학습법이다

메타인지란 1970년대에 발달심리학자 존 플라벨J.H.Flavell이 만든

용어로, 자신의 생각에 대해 생각하고 판단하는 능력을 말한다. 메타란 한 단계 고차원을 의미하고 인지란 뭔가를 알고 깨닫는다는 의미다. 즉 한 차원 높게 자신을 인지하고 깨닫는 능력이라고 할 수 있다. '자신의 소신이 객관적인지', '자신의 생각이 편협하거나 수준 낮지 않은지' 등을 끊임없이 자문하며 자신의 생각에 대해 생각하는 것이다.

이런 고차원적인 생각과 판단 능력이 교육학에서 최고의 학습법으로 인정받는 이유는 무엇일까?

그것은 바로 학생이 '나는 이번 수학 시험에서 80점을 맞을 수 있을까?'를 스스로 평가하고 판단해, 만약에 맞을 수 없다면 내게 부족한 게 수학 기초인지, 이해력인지를 알아내는 데 필요한 것이 메타인지 능력이기 때문이다.

실제로 공부를 잘하는 학생들과 못하는 학생들 사이에 확연한 차이가 드러나는 부분은 공부하는 시간이나 지능지수가 아니라 메타인지라는 사실이 이미 많은 실험을 통해 밝혀졌다.

메타인지에도 여러 종류가 있다. 자신의 지식과 능력이 어느 정도인지 아는 메타인지, 어떤 일을 하는 데 시간과 노력이 얼마나 필요한지 아는 메타인지, 학습하거나 지식을 습득할 때 어떤 방법과 전략을 선택해야 하는지 아는 메타인지 등이다.

초서 독서법의 1, 3, 5단계가 바로 메타인지 활동이다. 자신의 지식과 견해에 대해 생각하여 판단하고 의식을 확장시켜나가며 책에 대해서만 알아가는 것이 아니라, 자신에 대해 더 많이 성찰하게 해주는 것이 초서 독서법인 셈이다.

책을 읽고 그 내용을 이해하는 것도 힘들어하는 사람이 많다. 그런데 어떻게 읽고 이해하는 것뿐 아니라, 자신의 지식과 인지 과정과 인지 방법, 인지 내용, 인지 범위 등 거의 모든 것을 판단·점검·수정하고 의식 확장까지 할 수 있을까?

바로 이런 면에서 초서 독서법은 탁월한 메타인지 훈련법이다. 이모든 것을 한 번에 하기가 힘들고 어렵기 때문에 초서 독서법은 여러 단계로 나눴다.

2010년에 EBS에서 〈학교란 무엇인가〉 시리즈를 방영한 적이 있다. 여기서 '0.1퍼센트의 비밀'이라는 부제로 메타인지에 대한 실험을 했다. 모의고사 전국 석차가 0.1퍼센트 안쪽인 학생 800명과 평범한 학생 700명 사이에 어떤 차이가 있는지를 탐색하는 실험이었다.

실험에서 0.1퍼센트 학생들은 자신이 기억해낼 수 있다고 생각한 단어와 실제로 기억해낸 단어의 개수가 크게 다르지 않았다. 반면 평범한 학생들은 자신이 기억해낼 수 있다고 생각한 단어와 실제 기억해낸 단어의 개수가 크게 달랐다. 성적의 차이를 만드는 것은 지능지수도, 부모의 경제력이나 학력도 아닌, 자신의 능력을 정확하게 판단할 수 있게 해주는 메타인지 능력이라는 것을 보여주는 실험이었다.

그렇다면 어떻게 해야 메타인지 능력을 향상시킬 수 있을까?

자신이 아는 것과 또 모르는 것에 대해 끊임없이 판단과 예측을 하고, 나아가 그 판단과 예측을 점검하고, 자신의 의식과 지식을 확장해

나가는 것이 최고의 방법이다. 초서 독서를 하면 이 모든 과정을 처음부터 끝까지 완벽하게 다 경험할 수 있다.

책 한 권을 읽었다는 기준은?

책이 없다면 인류는 지금 어떤 삶을 살고 있을까? 책만큼 인류에게 큰 영향을 끼친 것도 없다.

그런데 왜 책을 읽어도 인생이 달라지지 않는 것일까? 그것은 책을 제대로 읽고 이해하지 못했기 때문이다.

그렇다면 책 한 권을 제대로 읽었다는 기준은 뭘까? 바로 그 책을 한마디로 누군가에게 설명할 수 있는지 여부다.

책을 간략하게 설명할 수 있으려면 다음과 같은 식으로 책을 읽어서는 안 된다.

첫째, 단어 하나하나를 읽는다.
둘째, 무미건조하게 기계적으로 읽는다.
셋째, 지식 습득만을 위해 읽는다.
넷째, 책 전체가 아닌 부분적으로 읽는다.
다섯째, 수동적·무조건적으로 수용한다.

진정한 독서를 하려면 다음을 명심해야 한다.

첫째, 독서는 디코딩이 아니라 씽킹이다.

둘째, 독서는 사고력을 향상시키는 것이다.

셋째, 독서는 독자와 저자와의 대화이며 상호작용이다.

넷째, 독서는 생각의 재료를 얻는 과정이다.

다섯째, 읽을 때마다 목표와 목적이 정확히 있어야 한다.

여섯째, 단어나 문장이 아닌 주제나 주장을 읽어야 한다.

일곱째, 읽었다면 반드시 자기만의 한 문장을 창조해야 한다.

여덟째, 책과 자신의 삶을 연결시키고, 적용해야 한다.

아홉째, 책을 읽기 전과 후를 비교했을 때 달라진 점이 있어야 한다.

독서를 제대로 하면 책을 읽기 전과 비교해 뭔가 달라져 있다. 책을 읽기 전과 똑같다면 시간 낭비를 한 셈이다.

삶과 미래를 책과 연결한다

학습과 독서에 있어 가장 중요한 기능을 하는 장기는 당연히 뇌다. 그리고 뇌 중에서도 해마다.

해마는 기억과 지식을 통합하고, 평생에 걸쳐 새로운 뉴런을 만들어낼 수 있다. 놀랍게도 실제로 학습을 시작하기도 전에 이미 뉴런이 만들어진다. 즉 학습하려는 의도 자체가 뇌에 영향을 끼치는 것이다.

초서 독서법은 해마가 기억과 지식을 통합하는 최고의 방법과 조건을 포함한 놀라운 독서법이다. 현대 인지심리학에서 밝힌 최고의 학습법인 인출 작업과 정교화 작업이 모두 포함되었을 뿐 아니라 여기에 메타인지 학습법까지 총망라된 독서법이자 학습법이다.

인지심리학에서 인출 작업은 장기기억에서 정보를 찾는 탐색 과정 혹은 장기기억에서 작업 기억으로 정보를 전달하는 과정을 말한다. 그런데 최신 인지심리학에 따르면 제대로 배우기 위해서는 이런 인출 작업을 꼭 거쳐야 한다고 한다.

정교화 작업도 마찬가지다. 정교화란 교육심리학 용어로 어떤 정보만 독립적으로 이해하고 기억하는 단순한 방법에서 벗어나, 이 정보와 관련된 것들을 덧붙여 정보가 갖는 의미와 가치를 심화·확장시키는 사고 전략이다. 정교화 작업을 거치면 더욱 오래 기억되고 그 내용이 강화되기 때문에 장기기억에 가장 좋다.

지식과 정보는 유기적인 특성이 있다. 어떤 분야에 대한 지식이 많을수록 새로운 연관 지식과 정보를 더 많이 더 빠르게 배우고 익힐 수 있다. 이것은 망망대해에 바위섬이라도 있어야 수면 위에 서 있을 수 있는 것과 같다. 지식이 거의 없다면, 만약 모든 분야에서 초등학생 이하의 수준이라면, 아무리 책을 많이 읽어도 배우는 것이 굉장히 적거나 하나도 없을 수밖에 없다. 작은 지식이라도 있어야 그것을 주축으로 더 다양한 지식을 추가할 수 있다. 또한 감성적인 면도 기억과 유지에 매우 유리하다. 그래서 관련 지식이 많을수록, 자신의 삶과 연관성이 많을수록, 감성적으로 연결이 많을수록, 기억에 오래 남는다.

예를 들어 독도에 대해 지식적인 측면만 배우고 암기하는 것보다는 독도를 더 아껴야겠다는 각오를 다지고 이를 표현하는 쪽이 독도에 대한 지식과 정보가 훨씬 오래 기억된다.

이 과정은 초서 독서법의 5단계 의식 확장 과정과 정확히 일치한다. 자신의 삶과 미래를 책 내용과 연관시키는 바로 이 과정이 정교화 작

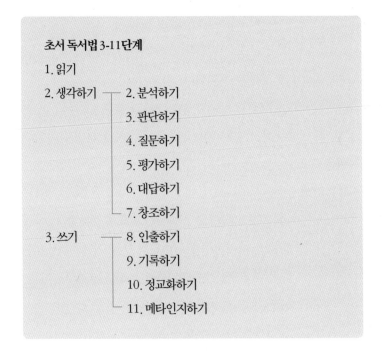

초서 독서법 3-11단계

1. 읽기
2. 생각하기 ── 2. 분석하기
　　　　　　　3. 판단하기
　　　　　　　4. 질문하기
　　　　　　　5. 평가하기
　　　　　　　6. 대답하기
　　　　　　└ 7. 창조하기
3. 쓰기 ──── 8. 인출하기
　　　　　　　9. 기록하기
　　　　　　　10. 정교화하기
　　　　　　└ 11. 메타인지하기

업의 본질인 것이다.

이렇게 초서 독서법은 인지심리학과 교육심리학에서 중요시 여기는 메타인지 학습법, 인출 작업, 정교화 작업을 모두 포함한다. '읽기-생각하기-쓰기'는 기본으로, 좀 더 세분화하면 '읽기-분석하기-판단하기-질문하기-평가하기-대답하기-창조하기-인출하기-기록하기-정교화하기-메타인지하기' 이렇게 열한 단계로 나눌 수도 있다.

유대인의 질문 공부, 하브루타를 담은 독서법

유대인들에게는 독특한 교육법이 있다. 짝을 지어 질문·대화·토론·논쟁하는 '하브루타'이다. 원래 하브루타란 토론을 함께하는 짝이나 친구, 즉 파트너를 일컫는 말이었는데 이것이 확대돼 유대인들만의 독특한 교육법으로 지칭되고 있다.

유대인 아버지들은 퇴근하고 집에 돌아오면 가족과 함께 시간을 보내며 질문하고 대화하고 토론하고 논쟁하는 교육을 실천한다. 그래서 유대인들은 "모를 때는 아버지에게 물어라. 아버지가 모르면 랍비에게 물어라"라는 말을 자주 한다. 유대인들에게 질문하고 토론하고 논쟁하는 것은 교육을 넘어 일상이라고 할 수 있다.

노벨경제학상 수상자 중 42퍼센트가 유대인이다. 세계적으로 성공한 이들을 보면 유대인이 참 많다. 빌 게이츠, 스티븐 스필버그, 앨빈 토플러, 파블로 피카소, 찰리 채플린……. 스타벅스, 인텔, 페이스북, 마이크로소프트를 비롯해 수도 없이 많은 세계적 기업이 유대인 소유다. 인류의 많은 발명품 중 유대인들이 만든 것이 수도 없이 많다.

유대인은 어떻게 해서 이렇게 놀라운 성공과 성과를 거뒀을까? 지능지수가 특별히 높은 걸까? 절대 아니다. 평범하다. 오히려 한국인의 지능지수가 세계적으로 훨씬 뛰어나다. 2003년 〈타임스〉 보도에 의하면 한국 국민 평균 아이큐는 106이고, 이스라엘 국민 평균 아이큐는 94였다.

그런데 한국인이 만든 세계적으로 뛰어난 발명품은 유대인들에 비해 상대적으로 적다. 세계적으로 큰 기업도 적고, 노벨경제학상을 수상한 사람은 단 한 사람도 없다(아직까지는 말이다).

그렇다면 유대인의 엄청난 성공 비결은 뭘까?

바로 하브루타 교육법 때문이라고 나는 생각한다. 많은 사람이 유대인들의 공부법은 우리와 다르다는 사실을 잘 알고 있다. 그들의 공부법은 주입식이 아니라 언제 어디서든 열린 질문을 던지고 대답을 이어나가면서 자녀가 스스로 지혜를 얻고 사유하도록 만드는 질문과 논쟁의 공부법이다.

유대인들은 좋은 정답을 말하는 사람을 칭찬하지 않는다. 좋은 질문, 기발한 질문, 다양한 질문을 하는 사람을 칭찬한다. 그리고 질문이 없고 소극적으로 수용만 하는 생각이 없는 사람을 경계한다. 지혜의 원천은 끊임없이 사고하고, 질문하고, 스스로 대답을 만들어가는 과정에서 생기기 때문이다.

이 교육법의 본질은 생각하게 해서 스스로 깨닫게 하는 생각 공부에 있다. 질문하거나 토론하려면 생각해야 하기 때문이다. 상대에게 묻거나 상대의 질문에 대답하기 위해서는 끊임없이 생각해야 한다. 상대의 대답에 새로운 질문 혹은 반론을 하기 위해서도 또 생각해야 한다.

결국 이런 훈련을 통해 유대인들이 실전에 강한 비즈니스 퍼슨이 되는 것이다. 실제로는 지능지수가 높지 않지만 유대인의 머리가 뛰어나다고 알려진 것도 다 이 때문이다. 유대인들은 끊임없이 기발하게 질문하는 기술을 터득하기 위해 생각하고, 또 그 기발한 질문에 더 기발한 대답을 하기 위해 생각하는 훈련을 한다.

어떤 사람도 하지 않은 질문이 기발한 질문이고, 어떤 사람도 하지 못한 대답을 하는 것이 더 우수한 대답이다. 그들은 정답을 싫어한다. 독창적인 질문과 대답이 최고의 질문이고 대답이다.

유대인들은 모르는 사람들끼리도 치열하게 논쟁 벌이는 것을 좋아한다. 《탈무드》와 《토라》(〈구약 성서〉의 처음 다섯 권인 '모세오경')만을 공부하는 예시바(yeshiva, 유대인 전통 학교)에서도 하루 종일 토론하고 논쟁을 벌인다.

유대인 아이들은 감수성과 호기심이 가장 왕성한 청소년기에 예시바에 가서 짧게는 1년, 길게는 5년 정도를 지낸다. 잠자는 시간을 빼고는 온종일 《탈무드》와 《토라》를 읽다가 어느 정도 지식과 견해를 갖추면 그때부터 탈무드식 논쟁을 시작한다. 방식은 간단하다. 두 명씩 짝을 지어 한 가지 주제에 대해 격렬한 논쟁을 벌인다. 상대의 논리는 허점을 찾아 사정없이 공격하고, 자신의 논리는 계속 보완하면서 더 나은 견해를 도출해나간다. 시장이나 술집처럼 시끌벅적하게 온종일 열띤 논쟁과 토론이 이어진다. 책만 붙잡고 달달 외우며 정체된 지식과 정보를 공부하는 사람은 한 명도 없다. 주입식 공부만 하는 한국인들은 이런 토론과 논쟁을 통한 공부에 적응하기 힘들 것이다.

유대인들은 '왜why?'라는 질문을 가장 좋아한다. 그런 질문이 이어지는 것을 최고의 교육 방법이며 비결이라고 생각한다.

한국인들은 '무엇what'을 좋아한다. 즉 문제의 정답을 좋아한다. 그래서 생각하기보다는 정답만 외우려고 한다. 창의력이 부족하다. 조금만 다르게 생각하는 훈련을 한다면 한국인들도 위대한 민족이 될 수 있을 것이다.

초서 독서법에는 하브루타의 생각 공부법, 질문하고 토론하고 논쟁하는, 끊임없이 생각에 생각을 거듭하는 공부법의 본질과 원리가 모두 포함돼 있다. 하브루타에서는 사람과 사람이 생각 배틀을 벌이고, 초서 독서법에서는 사람과 책이 생각 배틀을 벌인다. 이것이 저울질하는 판단·생각 단계인 3단계다.

하브루타와 초서 독서법의 가장 큰 공통점은 첫째, 뇌를 자극해 능력을 최고치로 끌어올려 준다는 것과 둘째, 생각과 의식을 확장시키는 데 제삼의 것, 즉 짝과 책을 이용한다는 것이다. 하브루타는 상대와 대화하며 다양한 견해와 관점을 얻는다. 초서 독서법은 책을 읽으면서 취사선택하고, 비판하고, 판단하며, 대화하듯 생각의 물꼬를 튼다.

하브루타는 남과 다르게 생각하도록 유도한다. 정해진 답을 주지 않는다. 초서 독서법도 마찬가지다. 끊임없이 책의 주제를 비판하고 다르게 생각하게 만든다.

하브루타는 고정관념에 도전하는 공부법이다. 자유로운 사고와 다양하고 폭넓은 의식 확장을 토대로 한 토론이 가장 중요한 공부 과정이다. 무조건 문제의 정답을 주입하고, 그것이 왜 정답인지 이해시키고 받아들이게 하지 않는다. 어떤 문제나 이슈에 대해 찬성과 반대를 선택하고, 그에 대한 입장을 명확히 밝히며, 그 근거를 제시하고, 상대의 주장에 대해 반론을 펼쳐나가게 한다. 일정 시간이 지난 뒤에는 역할을 바꿔 새로운 입장에서 주장과 근거를 펼치고, 상대의 집요한 주장에 반론을 펼치게 한다.

이러한 하브루타 과정을 통해 학생들의 사고력은 굉장히 유연하고 폭넓어진다. 이것이 참된 교육이 아닐까? 초서 독서법은 바로 이런 과정을 책을 통해, 책을 상대로 하는 것이다.

하브루타는 말하는 과정을 통해 뇌에 각인된다. 초서 독서법은 노트에 초서하는 과정을 통해 뇌에 각인된다. 말하기와 쓰기는 비슷하지만, 쓰기가 훨씬 더 강력한 기억법이다.

입력의 한계를 뛰어넘어 무한정 입력으로

반복 학습법이란 공부법이 있다. 반복해서 주입식으로 공부하는 것이다. 이렇게 지식을 주입한다 해도 뇌는 받아들이는 데 한계가 있다. 반면 공부 과정에 인출 작업과 정교화 작업을 집어넣으면 뇌는 지식을 무한정 받아들인다.

말을 번지르르하게 하면서 아는 척하는 사람이 많다. 그 놀라운 지식과 정보력으로 책을 몇 권이나 거뜬히 쓸 수 있을 듯 보인다. 하지만 막상 책을 쓰라고 하면 원고지 한 장을 채우지 못한다.

나도 3년 동안 눈으로만 책 만 권을 읽었다면 지금처럼 작가가 되지 못했을 것이다. 초서 독서법은 이렇게 책을 쓸 때 그 위력을 가장 잘 느낄 수 있다.

그렇다고 초서 독서법이 책을 쓰는 데만 도움이 되는 것은 아니다. 강의 때 어떤 질문에 대답하다 보면 나도 깜짝 놀랄 정도로 이야기가 술술 나오는 경우가 많다. 오랫동안 초서 독서법을 해오다 보니 두뇌에 알찬 지식과 정보가 체계적으로 차곡차곡 저장돼 있다는 느낌을 받는다. 참으로 기분 좋은 느낌이다.

정신없이 읽기만 하는 독서는 급하게 먹는 음식과 같다. 많이 먹을 수도 없고, 자칫하다가는 체한다. 이런 독서를 정약용은 매우 경계했다.

독서는 뜻을 찾아야 한다. 만약 뜻을 찾지 못하고 이해하지 못했다면 비록 하루에 천 권을 읽는다고 해도 그것은 담벼락을 보는 것과 같다.

― 정약용, 〈시경강의서〉

    지금까지 초서 독서법이란 무엇이고 왜 필요한지, 동서양 초서 독서법의 대가들이 어떻게 초서를 활용했는지, 그리고 초서 독서법이 뇌과학적으로, 또 교육학적으로 봤을 때 얼마나 효과적인지를 이야기했다.

    2부에서는 실제로 초서 독서를 하는 방법을 이야기하려 한다. 눈으로 읽으며 배우기만 하는 것이 아니라 읽으면서 직접 시험해볼 수 있도록 《군주론》을 샘플로 단계별 과정을 상세하게 밝히고, 어떻게 따라 해야 하는지, 어떤 훈련을 하면 좋은지 연구한 결과를 담았다. 실제로 초서 독서법 수업 내용이 모두 들어 있다.

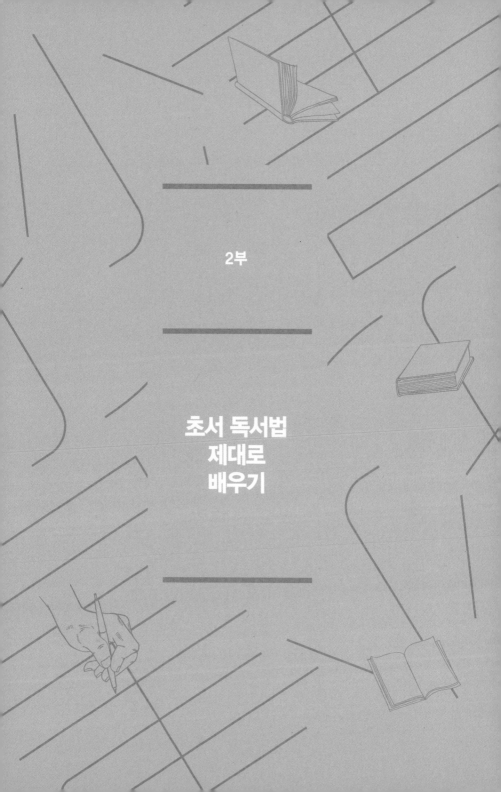

2부

초서 독서법
제대로
배우기

분석, 메타인지 단계

1단계 입지 단계란 무엇인가

> 1 | 입지 立志 _ 주관 의견
> 2 | 해독 解讀 _ 읽고 이해
> 3 | 판단 判斷 _ 취사선택
> 4 | 초서 抄書 _ 적고 기록
> 5 | 의식 意識 _ 의식 확장

1단계인 입지는 한마디로 독서 전 단계다.

책을 읽기 전에 먼저 주관을 확립하고, 자신이 아는 범위와 정도를 메타인지하는 것은 굉장히 중요한 학습법이다. 주관을 토대로 책 내용을 취할지 버릴지 결정해야 하기 때문에 자신의 생각이나 자신이 뭘 알고 뭘 모르는지 먼저 살피지 않는 막무가내 독서는 무가치하다.

이 단계에서 책의 주제와 내용에 대해 자신의 지식수준과 견해를 점검해봄으로써 독서를 좀 더 제대로 할 수 있도록 방향과 목표를 설정할 수 있다. 가령 군주론에 대해서 생전 처음으로 읽는 독자라면 자신의 수준이 초보 혹은 입문 단계임을 자각한 후에 대략적인 내용 파악을 목표로 해야 한다. 처음부터 깊게 읽으려는 부담은 독서의 즐거움을 상실하게 만들기 때문이다. 우물을 팔 때 처음부터 한 번에 깊게 팔 수는 없다. 그러나 제대로 책을 읽기 위해서는 반드시 필요한 과정임을 명심하자.

《군주론》으로 배우는 초서 1단계

초서 노트에 예시와 같은 간단한 질문과, 이에 대해 자신이 뭘 알고 또 모르는지를 메타인지하기 위해 솔직하게 자신이 아는 답을 기록해본다.

| 예시 |

- 《군주론》은 과연 어떤 책일까?
- 왜 마키아벨리는 이 책을 메디치가에 헌정했을까?
- 이 책을 꼭 읽어야 하는 독자가 있다면 누구일까?
- 500년 전에 쓰인 책이 지금 이 시대에도 유용할까?
- 《군주론》은 군주를 위한 책인가? 아니면 민중을 위한 책인가?

추가로 더 해볼 수 있는 질문들이다.

- 이 책을 한마디로 정의할 수 있을까? 그렇다면 그 한마디는 무엇일까?
- 이 책은 어떻게, 어떤 의도로 쓰였을까?
- 이 책에 대한 나의 지식과 이해력은 어느 정도일까?
- 이 책의 지적 수준이나 범위와 내용은 어느 정도일까?
- 이 책이 현재 정치에 끼친 영향은?

- 이 책이 현대인들에게 끼친 영향은 긍정적인가? 부정적인가?
- 이 책은 공산주의와 민주주의 중 어느 쪽에 더 가까울까?
- 마키아벨리에 대해 나는 어느 정도 알고 있는가?
- 마키아벨리에게 내가 배워야 하는 것들은 무엇일까?
- 마키아벨리는 이 책에서 무슨 말을 하고 싶었을까?
- 마키아벨리는 기회주의자인가? 신념을 가진 자인가?
- 마키아벨리에게 군주란 과연 어떤 존재였을까?
- 이 책은 단순히 개인의 복직을 위한 수단으로 쓰였는가?
- 출간된 지 500년이 다 돼가는 이 책이 왜 여전히 필독서로 꼽힐까?

이렇게 다양한 질문을 스스로에게 던져야 한다. 이런 질문들이 호기심을 자극하고 읽기 과정을 더욱 흥미롭게 만들어준다.

가장 중요한 것은 이런 내용을 초서하는 것이다. 초서 노트에 기록하고 안 하고가 너무나 큰 차이를 낳는다.

일단 '군주론'이라고 하면 수단 방법을 가리지 않고 목적을 달성하면 된다는, 특히 군주들을 위한 권모술수라는 생각이 든다. 군주 혹은 리더, 정치인에게 약간은 사악한 방법을 알려주는 냉혹한 현실 정치 세계의 지침서 같다.

냉혹한 정치 전략가, 권모술수가, 정치사상가이자 문필가였던 마키아벨리는 과연 그런 삶을 살았을까?

이 책에 대한 이런 내 평가는 올바를까?

'서양의 한비자'라 불리는 마키아벨리는 과연 덕을 강조하는 동양의 공자 사상과 전혀 다른 군주를 지향하는 인물이었을까?

인간 본성을 무조건 이기적이라고 봤던 것일까? 그래서 군주의 신의는 결국 자신의 이익보다 앞세울 수 없다는 것일까? 군주는 도덕과 가치와 의미보다 자신의 이익이 먼저일까?

이 책이 과연 시대적 한계를 가지고 있을까? 이 책을 쓴 마키아벨리가 살았던 시대는 근대 국가이고, 지금은 모든 것이 달라진 21세기의 자본주의 국가다. 이 책은 과연 이 엄청난 시대적 한계를 뛰어넘은 것일까?

과연 자신이 살기 위해, 국가를 지키기 위해서라면 비열하게 수단과 방법을 가리지 않아도 정당화될 수 있을까? 개인의 영달을 위해서는 안 되지만, 국가의 이익을 위해서는 허용될까? 정치라는 이름으로 행해지는 것들은 도덕이나 신념과 아무 상관이 없어도 되는 것일까?

마키아벨리가 가져다준 정치적 사상을 뛰어넘은 사상 혁명은 어느 정도일까?

군주는 선하지 않아도 되는 것일까? 마키아벨리는 왜 정치 행위를 하는 군주나 정치인이 종교적 규율이나 전통적인 윤리적 가치로부터 자유로워도 되는 것이 아니라, 반드시 자유로워야만 한다고 주장하는 것일까?

왜 이 책은 5세기가 지난 지금까지 수많은 사람이 애독하는 고전이 됐을까?

아마도 마키아벨리의 정치사상이 너무나 적나라하고 냉혹하기 때문인지도 모르겠다. 아니면 인간의 이기심에 대해서 혹은 잔혹한 권력의 본질과 속성에 대해 가감 없이 보여주는 책이기 때문인지도 모른다.

이탈리아 르네상스를 대표하는 인물인 마키아벨리는 왜 자신을 핍박하고 고문하고 투옥시킨 메디치가에 헌정하기 위해 이 책을 집필했을까?

아마도 그가 평생 참여했던 정치 활동을 통해 그가 느끼고 배우고 깨달은 정치적 시각을 이 책에 담은 것이라고 볼 수 있지 않을까? 이 책은 복직이라는 개인적인 바람을 이루기 위한 수단으로 쓰였는지도 모른다. 하지만 그 수단을 훨씬 뛰어넘어 인류에게 엄청난 영향을 끼친 책으로 평가받고 있다.

◆ 입지 단계 훈련 스킬 및 노하우

1 | Why: 왜 이 책을 읽는지 다섯 줄로 대답하기
2 | How: 어떻게 이 책을 읽어야 하는지 개인적 의견을 다섯 줄로 기록하기
3 | Before: 이 책을 읽기 전, 이 책을 어떻게 생각하는지 다섯 줄로 기록하기
4 | After: 이 책을 읽은 뒤, 내가 어떻게 변할지 예측해서 다섯 줄로 기록하기
5 | Knowledge: 이 책에 대한 내 지식과 경험을 다섯 줄로 이야기하기

　처음에는 다섯 줄을 적기가 힘들 수도 있다. 그럴 때는 일단 세 줄로 써보자. 각자의 지적 수준, 사고 수준에 맞춰 쉽게 시작해야 계속할 수 있다.

독해, 읽기 단계

2단계 해독 단계란 무엇인가

1 | 입지 立志 _ 주관 의견
2 | **해독 解讀 _ 읽고 이해**
3 | 판단 判斷 _ 취사선택
4 | 초서 抄書 _ 적고 기록
5 | 의식 意識 _ 의식 확장

초서 독서법의 2단계는 뜻을 이해하는 해독 단계다. 이 단계는 책을 온전하게 이해하는 것을 주목적으로 한다. 책 내용은 무엇인지, 저자의 주장은 무엇인지, 이 책이 전하고자 하는 핵심 메시지는 무엇인지 등 책 내용을 모두 이해하도록 한다.

《군주론》을 읽었다면 그 내용을 왜곡하지 않고 올바르게 이해하는 것이 중요하다. 어떤 책을 읽더라도 이는 그리 쉬운 일이 아니다. 똑같은 《군주론》을 읽어도 개인마다 해석에 편차가 있고, 심한 경우 완전히 왜곡되게 이해하는 사람들도 있다.

18세기 대표적인 계몽사상가 볼테르는 사람들이 책을 너무 적게 읽을 뿐만 아니라 대부분 독서를 잘하지 못한다고 말했다. 책을 읽어도 제대로 내용을 이해하지 못하기 때문인데, 그렇게 되는 이유는 생각을 담은 책이 있는 반면 감정을 담은 책이 있고, 쉬운 책이 있는 반면 어려운 책이 있기 때문이다. 간과해서는 안 되는 더 중요한 이유는 배경지식이 부족하기 때문이다. 독서에도 부익부 빈익빈이 존재하는 이유가 바로 여기에 있다.

가령 철학자의 책을 읽는다는 것은 바로 그 철학자를 읽는 것이다. 데카르트를 읽으면서 실증주의에 대한 기본적 배경지식이 빈약한 사람은 절대로 해독을 제대로 해낼 수 없다. 엄청난 독서를 하여 실증주의에 대해 높은 수준의 배경지식을 가진 독자일수록 데카르트를 제대로 해독해낼 수 있다. 해독이 잘못되는 이유는 배경지식의 부재에 근거한다.

물론 개인마다 이해력의 차이도 있지만, 그렇게 이해력이 다른 이유는 지식의 유기적 성질 때문이다. 지식은 무에서 창조되기 힘들다. 기본이 되는 지식이 있어야 거기서 새로운 지식이 확장될 수 있다. 기둥도 뿌리도 없다면 절대로 가지를 뻗어 나갈 수 없다.

《군주론》으로 배우는 초서 2단계

초서 노트에 예시처럼 장 별로 요약해본다.

| 예시 |

1장 | 군주국의 종류와 형성 과정

예부터 지금까지 백성을 지배해온 모든 국가와 통치 체제는 공화국 아니면 군주국이었다. 또 군주국에는 두 가지가 있다. 세습 군주국과 신생 군주국이다. 영토를 획득하는 방법에는 타인의 무력을 이용하는 법, 자국의 무력을 사용하는 법, 운명에 의한 경우와 능력에 의한 경우가 있다.

2장 | 세습 군주국에 대하여

세습 군주국은 신생 군주국보다 쉽게 유지할 수 있다. 세습 군주는 신생 군주에 비해 민중을 괴롭힐 이유가 많지 않다. 그런 이유로 세습 군주는 민중에게 더 많은 사랑을 받는다.

3장 | 혼합 군주국에 대하여

1) 신생 군주국이 어려움에 처하는 이유: 인간은 자신들의 처지를 개선할 수 있다고 믿으면 기꺼이 군주를 갈아치우려 하기 때문이다.

2) 반란이 일어났던 지역의 정복

3) 언어가 동일한 지역의 정복

4) 언어가 다른 지역의 정복: 최선의 방법은 군주가 정복한 땅에 거주하는 것이다.

5) 어중간한 조치를 반드시 피해야 하는 이유: 왜냐하면 인간이란 가벼운 피해에는 복수하지만, 치명적인 피해에 대해서는 감히 복수할 엄두조차 내지 못하기 때문이다.

6) 군대를 주둔시키는 것은 많은 비용이 들고, 압제가 눈에 띄게 두드러지면 민중이 적의를 품게 되기 때문에 유해하다. 그러나 이주민을 보내 식민지를 건설하는 정책은 효과적이고, 비용이 들지 않는다.

7) 타인이 강력해지도록 도움을 주는 자는 자신이 도와준 자에 의해 자멸할 수 있다. 강력해진 자가 가장 두려워하는 것이 자신을 도운 자의 힘과 명성이기 때문이다.

··· (중략) ···

25장 | 운명의 힘과 그것에 대처하는 법

1) 포르투나(Fortura, 운명의 여신)는 격랑과 같아 평소에 제방과 둑을 쌓고 예방 조치를 취하는 것이 중요하다.

2) 포르투나는 지혜롭게 대비하지 않은 이탈리아에게는 위세를 보이며 격노했지만, 군사적 용맹이라는 방벽을 갖추고 대비한 독일, 프랑스, 스페인에게는 그렇게 하지 않았다.

3) 똑같은 행동을 해도 어떤 사람은 성공하고, 어떤 사람은 멸망하는 이유: 그들의 행동이 시대와 상황에 얼마나 부합하느냐에 달려 있다.

4) 운명에 관한 조언: 마키아벨리는 운명에 신중한 것보다는 과감한 편이
   더 낫다고 조언한다. 운명의 여신이자 운명 그 자체인 포르투나는 여성
   이며, 그녀는 자신을 거칠게 다루는 과감한 사람에게 제압당하는 것이
   운명이라고 한다. 그러므로 계산적인 사람보다는 과감하게 행동하는 사
   람들에게 더 큰 매력을 느끼게 된다는 사실은 추호의 의심도 없다.

→ **결론:** 운명은 얼마나 준비하고 대비하느냐, 즉 얼마나 비르투스(Virtus, 역
   량)를 잘 갖췄느냐에 따라 달라진다.

26장 | 이탈리아 해방을 촉구함

1) 이탈리아가 필요로 하는 것은 지도자뿐이다.

2) 이탈리아 해방을 위해 신에게 선택된 가문은 메디치 가문뿐이다.

3) 이탈리아 해방을 위한 세 가지 조언

   • 자신의 사람들로 구성된 군대 양성

   • 새롭고 우월한 전술

   • 무기의 혁신과 전투 대형 변경

◆ 해독 단계 훈련 스킬 및 노하우

1 | What: 이 책의 내용은 무엇인가?

2 | 이 책에서 가장 중요한 내용은 무엇이고, 어디에 있는가?

3 | 핵심 내용을 중심으로 요약하기

4 | 책 내용을 약 3분간 설명해보기

사고, 생각 단계

3단계 판단 단계란 무엇인가

1 │ 입지 立志 _ 주관 의견
2 │ 해독 解讀 _ 읽고 이해
3 │ 판단 判斷 _ 취사선택
4 │ 초서 抄書 _ 적고 기록
5 │ 의식 意識 _ 의식 확장

3단계인 판단은 정약용이 말한 저울질이다. 자신의 정리된 생각을 토대로 취사선택하고, 비교 분석하고, 통합하고, 성찰하고, 생각하는 과정이다. 생각하고 또 생각하게 하는 과정이라고 할 수 있다.

공자와 맹자의 말처럼 생각하면 얻는 것이 있고, 생각하지 않으면 얻는 것이 없다. 눈으로만 읽고 무작정 지식과 정보를 주입하는 독서를 통해서는 그 어떤 것도 얻을 수 없다.

> 배우기만 하고 생각하지 않으면 어리석어지고, 생각하기만 하고 배우지 않으면 위태로워진다(學而不思則罔 思而不學則殆). - 공자

> 귀와 눈은 생각할 줄 모르기 때문에 사물에 가려진다. 그래서 귀와 눈은 사물과 접촉하면 거기에 끌려갈 뿐이다. 마음은 생각할 줄 알기 때문에 생각하면 얻고 생각하지 않으면 얻지 못하게 된다(耳目之官 不思而蔽於物 物交物 則引之而已矣 之官則思 思則得之 不思則不得也). -《맹자》〈고자상편〉

이 3단계의 기준이 되는 내용이 정약용의 편지 〈두 아들에게 답함〉에 모두 나와 있다. 매우 중요한 부분으로 다시 한 번 살펴보자.

> 먼저 자신의 생각을 정리한 후 그 생각을 기준으로 취할 것은 취하고 버릴 것은 버려야 취사선택이 가능하다. 어느 정도 자신의 견해가 성립된 후에 선택하고 싶은 문장과 견해는 뽑아서 따로 필기해 간추려놓아야 한다. 그런 식으로 책 한 권을 읽더라도 자신의 공부에 도움이 되는 것은 뽑아서 적어 보관하고, 그렇지 않은 것은 재빨리 넘어가야 한다. 이렇게 독서하면 백 권이라도 열흘이면 다 읽을 수 있고, 자신의 것으로 삼을 수 있다.

초서의 방법은 먼저 내 학문이 주장하는 바가 있은 뒤에, 저울질이 마음에 있어야만 취하고 버림이 어렵지가 않다. 학문의 요령은 전에 이미 말했거늘, 네가 필시 잊은 게로구나. 그렇지 않고서야 어찌 초서의 효과를 의심하여 이 같은 질문을 한단 말이냐?

독서를 한다는 것은 다른 사람의 생각을 사용하여 자신이 생각하는 것이다. 그 결과 그 생각이 옳은 것인지 틀린 것인지, 합리적인지 비합리적인지, 내가 동조하는지 반대하는지를 타인의 머리와 생각을 사용해 스스로 생각하여 자신의 머리를 향상시키는 것이다. 그런 점에서 3단계는 초서의 핵심 과정이 아니라 모든 독서의 핵심 과정이어야 한다.

어떤 사실에 대해 그것을 그대로 주입하고 받아들이는 것은 잘못된 독서 기술이다. 그 주장에 반대하거나 모순되는 또 다른 생각이 있어야 하고, 무조건 반대하는 것이 아니라 상반된 두 가지 생각을 아우르는 통합적인 새로운 차원으로 사고 과정을 이끌어가야 한다.

판단 단계는 바로 이런 사고 과정을 자연스럽게 유도하는 독서 단계라고 할 수 있다. 단순한 흑백 논리의 일차원적인 사고가 아닌, 합을 추구하는 통합적인 사고 훈련이 바로 초서의 3단계 독서 기술이다. 이런 훈련을 계속하다 보면 사고력이 획일화되지 않고 굉장히 유연해진다. 그래서 디지털 시대에 1과 0이 아닌 아날로그적인 사고가 창조성으로 이어지는 것이라고 할 수 있다.

《군주론》으로 배우는 초서 3단계

초서 노트에 예시처럼 여러 측면에서 사고해본다.

| 예시 |

1 | 이 책의 핵심 내용을 초서하기

이 책의 주장처럼 세상사는 포르투나와 신에 의해 지배된다. 그렇기 때문에 과거의 군주와 이 시대의 리더, 혹은 자신의 삶을 개척해나가고자 하는 모든 이는 포르투나에 맞서 싸우기 위해 과감하게, 담대하게, 결단력 있게 행동할 필요가 있다. 고로 우유부단한 것보다는 결단력 있는 행위를 통해 성공하고 승리할 것이다.

2 | 이 책에서 가장 중요한 장은?

25장, 15장, 17장, 19장, 18장, 16장, 20장.

3 | 이 책의 주장, 즉 마키아벨리의 주장을 어느 정도 취사선택해야 할까? 찬성과 반대로 나눠 그 장의 핵심 주제와 내용을 분류하기

찬성(취할 것)	반대(버릴 것)
• 포르투나와 비르투스에 대한 견해(25장)	• 인색함과 후함에 대한 통찰력(16장)
• 잔인함과 인자함에 대한 통찰력(17장)	• 칭송과 비난에 대한 통찰력(15장)
• 경멸과 미움에 대한 통찰력(19장)	• 인간과 짐승의 방법(18장)

4 | 《군주론》을 통해 알게 된 군주는 어떤 사람인가?

군주는 이 시대의 리더일 뿐 아니라 자신의 삶을 개척하려는 모든 이다.

5 | 500년 전의 도시국가 정치와 군주에 대한 이야기가 근대국가의 군주와 리더에게 적용 가능한가?

인간의 본성은 달라지지 않는다. 응용하고 참조하기에 충분하다. 아니 그 이상이다.

6 | 도저히 수용할 수 없는 부분은?

18장에서 군주는 윤리를 포기해야 한다는 부분.

7 | 책 내용에 대한 자신의 견해 밝히기

군주가, 특히 새로이 권력에 오른 자라도 사람들이 훌륭하다고 여기는 모든 것을 따라야 할 필요는 없다. 자주 (자신의 지배를 주장하기 위해) 어쩔 수 없이 충실함과 자애로움, 인간성, 종교 등에 반하는 일을 해야 하기 때문이다.

정치는 도덕과 신념과 종교와 인간성과 훌륭함과 선함과 아무 상관이 없다고 저자는 말한다. 하지만 그렇다면 왜 정치를 하는가? 자신의 안위를 위해서인가? 아니면 국가를 위해서인가? 자신의 권력을 위해서인가? 이유가 잘못된 경우 위의 주장은 맞을 수 있지만, 보편적인 경우에는 틀린 것이라고 생각한다. 도덕과 신념과 종교와 인간성과 훌륭함과 선함을 지키고 존중받는 사회를 만들기 위해 정치를 해야 하기 때문이다.

8 | 책 내용을 창조적으로 비판하기

마키아벨리는 군주론을 통해 인간이 어떻게 살고 있는가와 어떻게 살아야 하는가가 서로 다를 뿐만 아니라 너무 큰 간격이 존재하기 때문에, 이 간격을 무시하거나 이 두 가지를 동일하게 여기고 그렇게 행동하는 사람들, 특히 군주들은 권력을 유지하기는커녕 잃기가 더 쉬울 것이라고 조언한다. 늘 선하게 행동하고, 선을 최우선으로 생각하는 사람들이 선하지 않은 악인들 사이에 둘러싸여 있는 경우, 선한 사람의 몰락은 불을 보듯 뻔한 것이라고 말이다. 그러므로 권력을 유지하고, 몰락을 피하고 싶은 군주라면, 때때로 상황에 따라 악을 행하는 법을 배워야 한다고 그는 말한다.

선하지 않은 방법, 즉 사악한 방법을 통해 유지한 권력의 존재 이유나 가치는 무엇인가? 그렇게까지 하면서 권력을 유지하는 것이 시민과 도시국가에 과연 유익할까? 설사 시민들에게 유익을 주고 안정을 준다고 해도, 과연 그런 사악한 군주가 시민들에게 유해한 군주일까? 유익한 군주일까?

인색한 것이 오히려 더 후한 것이라고 주장하는 대목이 나온다. 그렇다면 이런 논리로 나는 마키아벨리를 비판할 수 있다. 사악한 방법을 통해 시민들에게 유익을 주는 군주는 궁극적으로 그 사악함 때문에 결국 악한 군주로 알려질 것이기에 시민들에게 유해한 군주가 되는 것이라고 말할 수 있다. 그렇다면 결국 마키아벨리는 악덕 정치술의 주창자인가? 마키아벨리즘이 왜 근대 정치사상의 기원이 된 것일까?

9 │ 자신의 견해와 책의 주장을 저울질하기

마키아벨리는 현명한 군주라면 때에 따라서는 약속을 지킬 수 없을 뿐만 아니라 약속을 지켜서도 안 된다고 말한다. 그런 경우는 신의를 지키는 것이 자신에게 불리할 때와 약속을 맺은 이유가 사라졌을 때다. 이러한 조언의 전제 조건은 모든 인간이 선하다는 사실을 절대 부정해야 한다는 점이다. 모든 인간이 선하다면 군주는 어떤 경우에도 약속을 어겨서는 안 된다고 말해야 하지만, 인간은 사악하고, 그래서 당신과의 약속을 지키려고 하지 않기 때문에 당신은 절대로 그들과 맺은 약속에 구속당하는 일이 있어서는 안 된다고 그는 강력하게 조언하는 것이다.

신의를 지키는 것이 불리할 때 신의를 지켜서는 안 된다고 마키아벨리는 군주에게 요구한다. 현명한 군주라면 당연히 불리할 때는 언제든지 양심의 가책을 받지 않고 신의를 지키지 않아야 한다고 그는 주장한다. 이것이 과연 옳은가?
현명한 군주는 가능한 올바른 일을 고수해야 하지만, 필요한 경우에는 올바르지 않게 행동하는 법도 알고 있어야 한다고 주장하는 마키아벨리는 "만약 군주가 국가를 유지시키고 싶어 한다면, 때로는 어쩔 수 없이 진실과 자비, 인간애와 종교에 반하여 행동할 필요가 있다"라고까지 말한다.

"필요하다면 악행을 저지를 수 있어야 한다"라는 것이 바로 마키아벨리즘 이다. 이것이 과연 필요한가? 필요하다면 누군가에게 해를 끼치는 악행을 서슴없이 저질러야 군주고, 저지를 수 있어야 현명한 군주인가?

절대 아니다. 이런 군주는 마키아벨리에게는 현명한 군주인지 몰라도, 내 게는 멍청한 군주다. 아주 멍청하고 어리석은 군주다. 악행을 저질러야 하고, 비열하고 사악한 짓도 해야 하고, 윤리까지 저버려야 한다면 그것은 군 주가 아니라 노예보다 못하기 때문이다.

다산은 리더십의 최고 덕목으로 청렴을 삼았고, 《목민심서牧民心書》에서 "베풀기를 즐기라"라고 강조한 바 있다. 마키아벨리와 정반대되는 부분이 다. 다산은 아랫사람들이 농간을 부리지 않게 예방하고, 위엄을 만들고, 백 성을 다스리는 최고의 덕목은 청렴이라고 주장했다.

다산은 백성을 다스리는 사람에게 가장 중요한 것은 백성을 품고 기르는 '목민'이라고 했다. 백성을 약탈하고, 자신의 안전과 권력을 위해 백성을 사 용하고, 부리고, 속이는 것이 아니라 백성을 잘 먹고 잘살 수 있도록 기르는 목민을 최고의 목표로 삼았던 것이다. 그리고 "청렴은 백성을 이끄는 자의 본질적 임무"라고 주장했다.

서양의 마키아벨리가 주장하는 리더십의 요체와 완전히 다르다. 다산은 백 성을 다스리는 이들이 갖춰야 하는 최고의 덕목은 '애민'이라고 했다. 백성 을 진정으로 사랑하는 마음이다. 이 얼마나 멋지고 훌륭한가?

다산의 주장에 따르면 마키아벨리의 현명한 군주는 '대도大盜'라고 할 수 있다. 나라와 국민을 위해 일하는 자들의 범죄는 참으로 무서운 범죄다. 백성을 다스리는 공직자라면 특히 백성과 하늘을 두려워하라고 다산은 강조한다.

> 청렴은 백성을 이끄는 자의 본질적 임무요, 모든 선행의 원천이요, 모든 덕행의 근본이니라. — 정약용

마키아벨리도 위대한 인물이었지만, 다산 정약용의 고매한 성품과 뜻에 비추어보니 우리 선조의 정신세계와 의식 수준이 어느 정도인지 가늠해보기 힘들 정도다.

동양의《군주론》,《한비자》와 비교하기

마키아벨리의《군주론》은 군주 자신의 이익과 번영, 안녕과 유지를 위해서는 윤리도 저버리고, 약속도 지키지 않고, 악행도 저지를 수 있다고 말한다. 하지만 동양의《군주론》인《한비자》에서는 그렇게까지 이야기하지 않고 있다는 점도 살펴봐야 한다. 한비자도 마키아벨리와 같이 인간이란 가장 위험하고 믿을 수 없는 존재라고 여겼다. 하지만 대처, 즉 군주의 행동 방침에는 너무나 큰 차이가 있다.
한비자는 군주가 권력을 유지하고, 사람과 일을 통제하며, 심지어 신하들에게 권력을 빼앗기지 않기 위한 구체적이고 확실한 방법으로 법치를 주장했다. 물론 한비자가 주장하는 법은 모든 사람이 따

라야 하는 행위 준칙이지만, 실제로는 군주가 나라를 다스리는 도구에 불과하다. 그럼에도 법은 공리성과 통일성이 있고, 분명하고 명확하기에 백성들이 크게 혼란을 겪을 일이 없다. 군주가 이중성을 가지고 사악하고 교활하게 백성들을 속이고, 약속을 어기고, 윤리를 저버리지 않아도 된다.

즉 법이라는 통치 도구를 통해 권력을 유지하기 때문에 군주가 윤리를 저버리고, 사악하고 교활하게 악행을 저질러야 하는 상황까지 벌어지지 않는다. 결과적으로 군주가 악행을 저지르는 것이 용납될 수 있는가, 아닌가를 고민할 필요가 없다.

한비자는 신하들이 아첨하고, 엿보고, 농락하는 것을 예방하기 위해 군주 자신이 먼저 도를 체득해야 한다고 주장한다. 어떠한 조짐도 내보이지 않고, 좋고 싫은 감정도 표출해서는 안 되며, 자신을 단속하는 것에 집중해야 한다는 것이다.

마키아벨리는 반대다. 군주 자신의 도를 닦을 생각은 하지 않고, 오히려 그것이 안 되니까, 혹은 그렇게 할 생각도 없어서인지는 몰라도, 시민들을 속이고, 시민들에게 공포심을 주고, 시민들과의 약속을 어기고, 시민들에게 손해를 주는 악행을 서슴없이 저질러서라도 권력을 유지할 수 있어야 한다고 말한다. 결국 군주 자신이 아닌 시민을 단속하는 것에 집중하라는 것이다.

바로 이 점이 동양의 《한비자》와 서양의 《군주론》의 가장 큰 차이다. 그리고 이 부분 때문에 나는 《한비자》가 참 좋다. 동양의 정서에는 《군주론》이 너무나 맞지 않는다고 생각한다.

한비자의 군주가 리더라면, 마키아벨리의 군주는 보스다

> 욕심보다 큰 재앙은 없다. 재앙 중에서 만족할 줄 모르는 것보다 큰 것은
> 없다. ─《한비자》

한비자는 이익을 얻으려는 욕심이 크면 근심하게 되고, 근심하면 질병이 생기며, 질병이 생기면 지혜가 줄고, 지혜가 줄면 분별력을 잃게 되고, 분별력을 잃으면 경거망동하게 되며, 경거망동하면 재앙과 화가 이르게 된다고 말했다.

마키아벨리는 악덕 정치술을 주창했고, 권력과 야망을 숨기지 않는 외교관이었다. 권력을 향한 야망과 욕심이 그의 분별력을 앗아갔는지도 모르겠다.

그가 《군주론》을 쓴 의도 역시 '정치적 야망' 때문인 듯하다. 마키아벨리와 둘도 없는 친구였던 프란체스코 귀차르디니Francesco Guicciardini는 《군주론》과 쌍벽을 이루는 《통치자의 지혜Ricordi》라는 책을 통해 마키아벨리의 주장과 현저하게 다른 군주의 지혜와 통치술을 이야기한다.

◆ 판단 단계 훈련 스킬 및 노하우

1│ 주제가 같은 책 중 시대가 비슷하면서 지역이 다른 책, 상반된 주장을 하는 책, 가령 동양이라면 서양의 책을 기준으로 판단의 토대 삼기

예를 들어 《군주론》의 경우, 동양의 《군주론》인 《한비자》를 토대로 취사선택, 찬성과 반대를 하는 훈련을 해보는 것이다. 또 리처드 도킨스Richard Dawkins의 《이기적 유전자The Selfish Gene》라면 앨리스터 맥그라스Alister McGrath와 조애나 맥그라스Joanna McGrath의 《도킨스의 망상The Dawkins Delusion?》을 토대로 훈련하면 좋다.

2 | 찬성하는 부분과 반대하는 부분을 3~5가지 핵심별로 나눠보기

◆ 찬성 반대 사고 훈련 시트 ◆

찬성		반대	
책 내용	이유	책 내용	이유
1.		1.	
2.		2.	
3.		3.	
4.		4.	
5.		5.	

3 | 찬성하는 이유와 반대하는 이유 초서하기

- 이면에 숨겨진 저자의 의도는 무엇일까?
- 이 책은 과연 세상에 이로울까? 아니면 유해할까? 그 이유는?

기록, 쓰기 단계

4단계 초서 단계란 무엇인가

1 | 입지 立志_ 주관 의견

2 | 해독 解讀_ 읽고 이해

3 | 판단 判斷_ 취사선택

4 | **초서 抄書_ 적고 기록**

5 | 의식 意識_ 의식 확장

초서 단계는 손으로 기록하는 단계다. 말 그대로 핵심 문장과 견해를 따로 뽑아서 기록하고 간추려놓는 과정이다. 그러나 이 단계는 단순히 초서하는 것, 기록하고 쓴다는 의미만 있는 것이 아니라 정교화된 사고 훈련의 연장선에 있는 행위다. 쓰는 것만으로도 우리는 뇌를 자극하고 깨우고 훈련할 수 있으며, 여기에 한 가지 주제나 내용에 대해서 취사선택한 것을 쓰는 행위는 사고력을 아주 강도 높게 훈련하고 향상시키는 최고의 지름길이라고 할 수 있다. 또 초서는 인출 작업의 다른 말이다. 이 과정을 통해 독자가 아닌 제2의 작가가 되는 것이다.

책 내용을 이해만 한 단계에서 기록하는 것은 독자의 입장에서 벗어나지 않는 수동적이며 제한적인 책 읽기다. 책을 읽고 그 내용을 이해할 뿐 아니라 자신의 주관과 의견을 세우고, 이를 책 내용과 저울질하면서 판단하고 비판하고 창조해 새롭게 확장된 세상에서 하나뿐인 지식과 견해를 하나밖에 없는 노트에 쓰는 것이 다름 아닌 작가의 영역이다.

초서 독서법으로 몇 년 정도 책을 읽으면 작가가 되는 것이 너무나 쉬운 이유가 바로 여기에 있다. 초서 독서법의 3~5단계가 결국 책을 쓰는 연습이 되는 것이다.

《군주론》으로 배우는 초서 4단계

초서 노트에 예시를 따라 주요 문장을 초서해본다.

| 예시 |

1 | 마키아벨리즘을 나타내는 문장 5선

《군주론》의 놀랍고 충격적인 '마키아벨리즘'을 가장 잘 드러내는 다섯 문장만 초서해보라.

2 | 통찰력과 지혜의 깊이가 드러나는 문장 5선

탁월한 통찰력과 지혜의 깊이가 드러나는 다섯 문장을 초서해보라.

3 | 권모술수의 지침이 잘 드러나는 문장 5선

권모술수의 지침서인 《군주론》에서 이 주제를 부각시키는 다섯 문장을 초
서하고, 그중에서도 최고의 한 문장을 골라보라.

최고의 한 문장

《군주론》을 한마디로 총평하기

《군주론》은 인생에서 실패하고, 실직당하고, 옥살이하고, 고문당하고, 거의 무기력해진 상태에서 재취업을 바라는 전직 관료가 일자리를 구하기 위해 마지막 남은 혼신을 다해 쓴 애절하고 간절한 자기소개서이자 자신의 역량을 모두 담아 권력자에게 호소하며 쓴 글이다. 다시 말해 이 책은 마키아벨리가 살아남기 위해, 다시 제대로 살기 위해 쓴 책이다.

《군주론》에는 마키아벨리가 살면서 경험하고 목격한 것을 토대로 자신이 아는 모든 것을 단 한 권에 담으려고 노력한 흔적이 보인다. 많은 사람이 그의 이상적인 군주 모델이 체사레 보르자라고 생각한다. 어떤 점에서는 맞지만, 또 어떤 점에서는 틀리다.

신흥 국가가 탄생하는 과정에서 군주가 취해야 할 행동 지침은 무엇이었을까? 그것에 대한 해답을 그는 체사레 보르자가 로마냐 지방을 차지하고, 새로운 국가를 만들어가는 과정을 보고 얻었을 것이다. 그러나 결국 체사레 보르자는 몰락한다.

그리고 그는 진정한 영웅이자 군주의 이상적인 모델로 〈구약 성서〉에 나오는 위대한 지도자 모세, 페르시아제국을 만든 황제 키루스Cyrus, 로마를 건국한 영웅 로물루스 등을 삼으며, 《군주론》의 토대가 되는 정치 이념과 철학, 신념을 배우게 된다.

《군주론》의 핵심은 이것이다.

군주는 선하기만 해서는 안 되고 악인이 되는 법을 알아야 하고, 때와 상황에 따라 힘을 행사할 줄도, 거둬들일 줄도 알아야 한다. 즉 권력 유지가 최선이며, 그 최선의 목표를 위해서는 편법도, 도덕과 종교의 무시도, 약속의 어김도, 심지어 악행도 정당화된다는 것이 바로 '마키아벨리즘'이다.

마키아벨리는 대중만큼 변하기 쉽고 경박한 것도 없기 때문에, 그 대중을 잘 이끌어 권력을 유지하기 위해서는 군주 역시 더 변하기 쉬운 사람이 되어야 하고, 더 경박한 사람이 되어야 한다고 주문하는 듯하다. 그러면서 운명의 여신 포르투나의 위협과 기세에 기죽지 말고, 용기를 내라고 말한다. 스스로 운명에 맞서고, 용기와 기개를 잃지 말고, 과감하게 행동하는 사람이 되는 것이 더 좋다고 조언한다.

군주론에서 제안하는 군주의 모습을 정리하면 이렇다.

1 | 군주는 약속에 구속돼서는 안 된다.
2 | 잔인한 군주가 더 자비로운 군주이기에 잔인해야 한다.
3 | 군주는 필요하다면 악행도 저지를 수 있어야 한다.
4 | 사랑받기보다는 두려운 군주가 돼야 한다.
5 | 군주는 인색하다는 악평에 개의치 말아야 한다.
6 | 군주는 사자의 힘과 여우의 영악함을 모두 가지고 있어야 한다.

플라톤은 《국가Politeia》에서 거짓말이 허용되는 사람이 있다면 바로 그 나라의 통치자들이며, 그것이 허용되는 경우는 나라의 이익을 위해서일 때라고 말했다. 마키아벨리의 군주 역시 나라의 이익을 위해서 이런 악행과 사악함이 필요하다고 한다면 조금 더 높게 평가받아 마땅할 것이다. 하지만《군주론》을 전체적으로 볼 때 나라나 시민보다는 한 군주의 이익과 안위, 통치가 먼저인 듯한 느낌이 강하게 든다.

◆ 초서 단계 훈련 스킬 및 노하우

초서 훈련을 위한 다섯 가지 가이드

1 | 이 책만의 독창성을 알 수 있는 다섯 문장 초서하기
2 | 이 책의 핵심 내용을 잘 알 수 있는 다섯 문장 초서하기
3 | 이 책에서 가장 중요한 한 문장 초서하기
4 | 작가의 주장이 가장 잘 드러난 다섯 문장 초서하기
5 | 이 책에서 꼭 기억해야 할 다섯 문장 초서하기

한 권의 책을 한 문장으로 압축하여 초서하기

1 | 이 책의 핵심 내용을 다섯 문장으로 압축하여 초서하기
2 | 이 다섯 문장을 다시 세 문장으로 압축하여 초서하기
3 | 이 세 문장을 다시 한 문장으로 압축하여 초서하기
→ 최고의 한 문장은 무엇인가?

창조, 정교화 단계

5단계 의식 단계란 무엇인가

1 | 입지 立志 _ 주관 의견

2 | 해독 解讀 _ 읽고 이해

3 | 판단 判斷 _ 취사선택

4 | 초서 抄書 _ 적고 기록

5 | **의식 意識 _ 의식 확장**

5단계는 정교화 단계다. 초서 독서를 통해 자신의 의식과 생각, 주관이 바뀐 것을 단순히 기록하는 과정이 아니다. 독서의 실제적 효과를 온 몸과 마음으로 받아들이고 실천하는 단계다. 그 실천을 먼저 자신의 몸과 마음을 아우르는 의식에 적용하는 단계다.

다산이 학문의 다섯 가지 방법으로 꼽은 박학, 심문, 신사, 명변의 마지막은 성실하게 실천하는 독행이다. 독서의 완성 또한 몸으로 실천하고 생활에 적용해서 삶이 변화하는 것임을 잊어서는 안 될 것이다. 그렇다면 5단계는 바로 이것을 위해서 존재하는 단계라고 할 수 있다. 의식 확장은 곧 삶에 적용을 의미하기 때문이다. 책을 읽었는데 삶이 바뀌지 않는다면 그것은 쓸모없는 독서다.

이 단계에서는 책을 읽으면서 의식과 생각과 주관이 바뀐 것을 기록하고, 이를 통해 다시 한번 실천을 다짐하고 확실히 뇌에 각인시킨다. 책을 읽고 내가 어떤 사람이 돼야 할 것인지, 어떻게 살아야 할 것인지, 세상은 무엇이고, 인생의 의미와 목표는 진정 무엇인지에 대해 의식이 확장된 만큼 우리는 변화와 성장을 기대할 수 있다. 초서를 제대로 할 수 있게 된다면 6개월 뒤에는 웬만한 독서가의 10년 수준을 뛰어넘을 수 있을 것이다.

《군주론》으로 배우는 초서 5단계

초서 노트에 예시를 따라 정교화해본다.

| 예시 |

1 | 책을 읽고 나서 달라진 자신의 의식을 관찰하고 성찰해 그 변화를 기록하기

Before | 마키아벨리가 자신의 야망을 위해, 혹은 발탁을 위해 메디치가에 헌정하려 쓴 이 책은 군주가 그 지위를 지키고, 자신의 안전과 군주국의 번영과 안녕을 위해서 필요한 지침을 알려주는 일종의 군주를 위한 지침서라고 할 수 있을 것 같다.

군주라면 모름지기 이래야 하지 않을까? 더 현명하고, 더 정의롭고, 더 용감하고, 시민과 나라를 위해서 더 헌신하고, 국가와 백성을 더 사랑하는 사람이 아닐까?

적들을 물리치기 위해서는 사자의 용맹함과 힘이 있어야 하고, 간신들을 물리치기 위해서는 여우의 지혜가 필요한 것이 아닐까?

군주라면 그저 더 정의롭고 용맹하고 힘이 있으며, 지혜롭고 공명정대하면 되지 않을까?

동양의 《한비자》에서처럼 더 크고, 더 지혜롭고, 더 훌륭한 사람이 《군주론》에서 말하는 군주의 모습이 아닐까?

After | 마키아벨리가 제안하는 군주상은 내가 생각한 군주의 모습과 전혀 달랐다. 《군주론》에서 말하는 군주는 피도 눈물도 없어야 하고, 악행도 필요에 따라 저질러야 하고, 때로는 혹은 빈번하게 아니면 항상 인색해야 하고, 좋은 성품을 갖추는 것이 아니라 좋은 성품을 갖춘 척해야 한다. 뿐만 아니라 잔인한 것이 더 인자한 것이라고 말한다. 그래서 군주는 잔인해야 한다고 강조한다.

마키아벨리는 세상과 군주에 대해 남과 너무나 다른, 비범한 시각과 의식을 가진 자였다. 손해를 볼지라도 선행을 실천해야 한다고 말하는 것이 아니라, 오히려 선행이 원한을 불러오기에 해악을 준다면서 악행을 실천하라고 설파한다. 마치 악의 교사처럼 말이다. 그런 악행과 잔인함을 그럴듯한 논리와 궤변으로 정당화시킨다.

《성경》은 악을 악으로 갚지 말고 선으로 갚으라고, 원수도 사랑하라고 가르친다. 반면 《군주론》은 선을 악으로 갚으라고, 원수는커녕 친구나 동지조차 배신하고 피도 눈물도 없이 행동하라고 가르친다.

《탈무드》에 보면 노아의 방주가 닫히기 전 마지막으로 들어온 것이 선인데 이때 짝이 없어서 어쩔 수 없이 악을 배필로 데려왔다고 한다. 선과 악은 과연 무엇인가? 이 책을 통해 선과 악을 더 깊이 의식하고 생각하게 됐다. 《정의란 무엇인가 Justice》를 읽었을 때와 같은 느낌, 같은 상황, 엇비슷한 딜레마에 이르게 됐다.

왜 마키아벨리는 악을 마땅한, 특히 군주라면 모름지기 행해야 하는 것이라 확신했을까?

선과 악의 기준뿐 아니라 세상에 대한 모든 시각과 기준은 환경이 좌우하는 것 같다. 그가 살았던 16세기 이탈리아는 21세기 민주주의 시대와 달랐다. 당시 이탈리아는 너무나 부패해 개혁이 절실했다. 군주정이 아니면 더 이상 희망이 없으며 안전마저 위협받던 당시 정치 상황 속에서 정의가 무엇이고, 명예가 무엇인지를 고려하는 것은 너무나 비현실적이었을 것이다. 마키아벨리에게 가장 큰 영감을 주고, 그의 삶과 의식을 가장 크게 바꿔놓은 인물은 다름 아닌《군주론》의 모델로 알려진 체사레 보르자였을 것이다. 체사레 보르자는 '목적을 위해서는 수단과 방법을 가리지 않는 냉혹한 군주', 즉《군주론》에서 이야기하는 군주의 모습에 가장 근접하다. 체사레 보르자를 만나고 그를 수행하면서 마키아벨리의 내면에서 많은 것이 변했을 것이다.

당시에는 지는 것이 악이었고, 생존이 가장 중요한 가치관이었는지도 모른다. 그런 상황에서《군주론》이라는 책이 나왔다는 것을 이제 이해할 수 있을 것 같다. 특히 그가 군주와 같은 메디치가에 헌정하는 책이라는 점을 생각하면 충분히 이해할 수 있는 주장이 아닐까?

2 | 2단계는 책을 읽고 해독하는 과정이다. 그 후 3단계에서는 이 책과 작가로 인한, 삶에 직접적으로 영향을 줄 수 있는 의식의 변화와 확장을 다른 고전을 통해 비교하고 통합적으로 논의하여, 하나의 결론을 내려보라.

(《한비자》,《의무론De Officiis》과 비교)

《한비자》에서는 나라를 망치는 군주로 어진 사람과 난폭한 사람 모두를 언급했다. 어진 사람의 경우, 아랫사람이 마음대로 굴고 법령이 쉽게 범해진다. 난폭한 사람의 경우, 법령이 아무렇게나 시행되고 백성이 원망을 품고 모반 계획을 세운다.

마키아벨리는 나라를 망치는 것은 어진 사람이며, 고로 군주는 난폭한 자가 돼야 한다고 말한다.

한비자는 군주가 나라를 다스리는 방법으로 주관적인 자신의 지혜나 권모술수가 아닌, 공적이고 객관적이며 필연적인 것에 의지해야 한다고 조언한다. 현명한 군주는 법률에 따라 상벌을 시행하는 것을 기본으로 해야 한다. 군주의 사사로운 지혜나 감정은 하책이다. 군주의 근심은 사람을 믿는 데서 비롯되고, 그 이유는 사람을 믿으면 그에게 제압당하기 때문이다. 군주는 신하의 충성에 의지해서는 안 된다. 간사한 신하는 군주의 신임과 총애를 등에 업고 나라를 망친다.

《한비자》에서 일관되게 강조하는 것은 군주 스스로의 몸가짐과 언행이다. 군주는 스스로 하고자 하는 바를, 속내를 드러내지 않아야 한다. 속내를 드러내면 간신들은 잘 보이려고 꾸미고, 거짓말하기 때문이다. 군주는 좋아하는 것도, 싫어하는 것도 버려야 한다. 그래야 신하가 본심을 드러내기 때문이다.

《한비자》는 군주가 나라를 다스리면서 열 가지 잘못을 범하면 자신의 몸만 위태로운 것이 아니라 나라까지도 망하게 된다고 조언한다. 그 열 가지 잘못을 나름 정리하면 다음과 같다.

첫째, 작은 충성을 하면 큰 충성을 해치는 잘못을 범하는 것이다.

둘째, 작은 이익을 탐하면 큰 이익을 해치는 잘못을 범하는 것이다.

셋째, 행동이 편협하고 방자하며 제후들에게 예를 지키지 않으면 자신을 망치는 잘못을 범하는 것이다.

넷째, 정무에 힘쓰지 않고, 음악만을 좋아하면 곤궁한 상태에 빠지는 잘못을 범하는 것이다.

다섯째, 탐욕스럽고 재물을 좋아하면 나라가 망하고 자신은 목숨을 잃게 되는 잘못을 범하는 것이다.

여섯째, 무희들에 빠져 여색을 탐하는 것은 나라를 잃게 되는 화를 범하는 잘못이다.

일곱째, 임금이 궁궐을 떠나 멀리 유람하며 간언하는 신하를 홀대하면 위태로움을 자초하는 잘못을 범하는 것이다.

여덟째, 충신의 간언에 귀 기울이지 않고 제멋대로 행동하면 명성을 잃고 비웃음을 사는 잘못을 범하는 것이다.

아홉째, 국력을 생각지 않고, 다른 이의 힘에 의지하는 것은 영토를 잃게 되는 잘못을 자초하는 것이다.

열째, 자신의 나라가 작은데도 예의가 없고 신하의 간언도 받아들이지 않으면 나라가 망하고 대가 끊기는 잘못을 자초하는 것이다.

여기서도 《군주론》과 다른 가르침이 있다. 바로 탐욕스럽고 재물을 좋아하면 나라가 망하고 목숨을 잃게 된다는 가르침이다. 《군주론》은 인색해야 한다고 말한다.

《한비자》는 도를 터득한 군주는 이웃한 나라에 원한을 사지 말고, 안으로는 백성들에게 덕과 은혜를 베풀어야 한다고 말한다. 《군주론》에서는 이와 반대로 잔인해야 하고, 악행도 서슴지 말고 저질러야 한다고 말한다.

세상에는 법 없이도 함께 살아갈 수 있는 착하고 올바른 사람들만 있다고 생각하는 사람이 있다. 나도 그중 한 명이었다. 그래서 계약서나 협약서 같은 것보다는 사람의 말과 행동을 믿는 편이었다. 법을 의지하는 순간, 그것은 최악의 상황이 된다는 것을 잘 알기 때문이었다. 그런데 누군가와의 만남과 관계 속에서 너무 믿고 신뢰했기 때문에, 너무 순수했기 때문에 오히려 그 누군가를 쉽게 악행을 저지르는 사람으로 만들어버렸을지도 모른다는 생각을 하게 됐다.

세상에는 착한 사람도 있고, 악한 사람도 있고, 그 중간인 사람도 있다. 중간에 있는 사람이 가장 많은데, 이들은 환경이나 상대의 말과 행동에 따라 착한 행동을 할 수도 악한 행동을 할 수도 있다. 나아가 인간은 누구나 악하고 기만적이며 자신의 이익을 그 무엇보다 우선한다는 사실을 의식하기 시작한 단초가 된 책인지도 모른다.

《한비자》를 읽고는 부에 대해 크게 통찰하면서 의식 혁명이 일어났다. 《군주론》의 경우에는 이렇게 해야만 소기의 목적을 달성할 수 있다는 지침서, 행동 방침 같은 느낌을 많이 받았다. 그럼에도 이 책을 읽으면서 일어난 의식의 변화와 확장 중 가장 큰 것은 인간은 다 똑같지 않다는 것, 인간의 행동과 그 의도는 너무나 다를 수 있다는 것이다.

너무 인자하면 끝없는 분란이 일어나고, 결과적으로 무질서해지며, 약탈과 살인을 야기한다. 그보다는 잔인한 군주가 진정한 의미에서 훨씬 자비롭다는 생각을, 이 책을 읽기 전까지는 단 한 번도 해본 적이 없다. 그런 의미에서 《군주론》은 인간 속성에 대한 의식을 확장시켜주는 책임에 틀림없다.

지도자의 성품이 아무리 훌륭하더라도 잔인하지 못하면 부적절하다는 것이 마키아벨리의 주장이다. 이런 주장을 하는 사람이 존재했다는 것도 충격이지만, 그 주장이 매우 논리적이고 설득력 높아 더 충격적이었다.

이 책에서 내 삶과 가장 관련 깊은 부분은 15장이다.

마키아벨리는 후한 인심보다 더 빨리 자신을 망치는 것은 없다고 말했다. 그 이유에 대한 논리가 매우 그럴듯하다. 후하게 인심을 쓰다 보면 점점 더 인심을 쓸 일이 많아지고 결국 궁핍해진다. 그러면 군주는 어쩔 수 없이 남의 것을 강탈해야 하기 때문에 원망을 사고 만다. 계속해서 궁핍한 삶을 산다면 백성들에게 멸시를 받게 될 것이다. 그러나 군주가 가장 경계해야 할 것이 백성들로부터 멸시와 증오의 대상이 되는 것이다.

때문에 마키아벨리는 증오가 아닌 악평을 택하라고 말했다. 구두쇠라는 평판을 듣는 것이, 인심 좋다는 평을 들으려고 욕심을 부리다가 결국 멸시와 증오를 당하는 것보다 더 지혜로운 선택이라는 것이다.

이 시점에서 다른 현인의 주장을 살펴봐야 할 것 같다. 로마제국 16대 황제이자 5현제의 마지막 황제, 스토아학파 철학자인 마르쿠스 아우렐리우스Marcus Aurelius다.

그는 《명상록Ta Eis Heauton》에서 선량한 사람이 되는 것이 우리 모두의 의무라고 조언했다. 뻔뻔한 사람을 볼 때, 모함이나 배은망덕 때문에 분노를 느낄 때 '뻔뻔한 인간이 없는 세계가 존재할 수 있을까?' 자문해보라고 했다. 그런 세계가 있을 리 없다. 그러니 불가능한 것을 요구하는 대신 생각의 방향을 자신에게 돌려보자. 인간의 신의를 믿은 것이나, 친절을 베풀면서 어떤 보상이 돌아오리라 믿은 것은 분명 자신의 실책이기 때문이다. 인간은 자비로운 행동을 하게끔 태어났다. 즉 선한 행동을 했다면 그것은 마땅히 해야 할 일이며, 그것 자체가 적절한 보상을 받은 것이다.

마르쿠스 아우렐리우스는 행동이란 아무렇게나, 정의가 인정되지 않는 방법으로 행해져서는 안 된다는 것을 항상 마음에 간직해야 한다고 말했다.

이와 비슷한 주장을 한 사람이 또 있다. 바로 키케로다.

키케로는 아테네로 유학 간 아들에게 보내는 편지 형식으로 《의무론》을 썼다. 그는 인간이 마땅히 지켜야 할 도덕과 선의 중요성을 강조했다. 가장 유용한 삶은 도덕적으로 선하게 사는 삶이다. 또한 그것이 바로 인간의 의무다. 군주라면 모름지기 늘 관대해야 한다. 그 증거로 로마공화정이 몰락하기 시작한 것은 당대 리더들이 사랑과 존경을 받지 못하고, 오히려 공포의 대상이 됐기 때문이다.

마키아벨리와 정반대로 키케로는 군주가 관대하고 자애로워야 한다고 말한다. 마키아벨리는 사랑의 대상이 아닌 두려움의 대상이 돼야 한다고 말하지만, 키케로는 백성들의 사랑을 받는 군주만이 권력을 오래 유지할 수 있다고 했다. 두려움을 주는 군주는 오래가지 못하고 전복된다.

순자도 이와 비슷한 말을 했다.

> 군주는 배고, 백성은 물이다. 물은 배를 띄울 수도 있고, 물은 배를 뒤집을 수도 있다(君者舟也 庶人者水也 水則載舟 水則覆舟). ─《순자荀子》〈왕제王制〉

이 말대로라면 두려움보다는 사랑의 대상이 돼야 한다.

키케로의 《의무론》을 반대로 쓴 것이 《군주론》이라고 해도 될 정도다. 여우의 교활함은 기만으로, 사자의 용맹은 폭력으로 규정한 키케로는 인간과 가장 거리가 먼 것이 이 두 가지라고 말하고, 이중에서도 기만을 더 혐오해야 마땅하다고 말했다. 모든 불의 중에서도 가장 큰 불의는 마키아벨리가 가르쳐준 방식이다. 즉 남을 기만하면서도 자신은 마치 선인처럼 보이도록 위장하는 것 말이다.

어쩌면 이렇게 정반대의 교훈과 지침을 줄 수 있을까? 선함을 유지하되 악한 자들의 함정이나 모함을 대비하는 것, 악한 자들처럼 악행을 저지르지 않으면서도 그들의 먹이가 되지 않도록 지혜와 통찰력을 갖추는 것, 이것이 악을 선으로 갚는 것이 아닐까?

인간의 삶에서 가장 중요한 것은 생존이며, 안정일 것이다. 그다음은 자아실현과 행복 추구가 아닐까? 《군주론》에서 주장하는 대로 하는 군주는 과연 행복한 삶을 살 수 있을까?

《군주론》의 군주는 절대로 행복한 삶을 영위하지 못할 것 같다. 행복은 관계와 마음으로부터 온다.

마르쿠스 아우렐리우스는 인간의 행복과 정신적 평안이 덕에서 온다고 했다. 그렇다면 《군주론》의 군주는 전혀 덕의 인간이라 할 수 없고, 때문에 행복하지도, 평안하지도 못하다.

한비자도 도를 터득한 군주는 적이 없다고 했다. 도를 터득한 군주는 밖으로는 이웃 나라에 원한을 사지 않고, 안으로는 백성들에게 덕과 은혜를 펼친다. 원한을 맺지 않는다는 것은 제후들을 예로 대우한다는 의미다. 욕심보다 더 큰 재앙은 없고, 모든 화근과 재난은 사악한 마음에서 생기며, 사악한 마음은 욕심에서 나온다.

한나라의 서자 출신으로 비주류의 아픔을 처절하게 겪은 한비자가 말하는

'덕'은 아무것도 하지 않으면서 뭔가를 이루는 도가의 무위에 가깝다.

> 윗사람이 하늘 같지 않으면 아랫사람은 두루 감싸지지 않으며 마음이
> 땅과 같지 않으면 만물은 모두 실어지지 않는다. 태산은 좋거나 싫은 것
> 을 세우지 않았으므로 그 높음을 이룰 수 있었고, 강과 바다는 작은 도움
> 을 가리지 않았으므로 그 풍성함을 만들 수 있었던 것이다. 그러므로 대
> 인은 몸을 하늘과 땅에 맡겨 만물이 갖추어지게 하며 마음을 산과 바다
> 에 두어 나라를 부유하게 한다. ─《한비자》〈대체大體〉

'인'은 다른 사람을 사랑하는 것을 말한다. 다른 사람이 행복해지는 것을 좋
아하고, 다른 사람에게 재앙이 있는 것을 싫어하고, 어떤 목적이나 보답을
바라고 뭔가를 하지 않는 것을 말한다. 그래서 《노자》에서 말하는 최상의
'인'은 목적을 가지고 하는 것이 아니라고 말한다.

동양에서 말하는 '의'는 군주와 신하가 자신의 직분에 맞는 일을 마땅히 하
는 것이다. 군자는 마음을 취하고, 겉모양을 버리며, 본질을 좋아하고, 꾸밈
을 싫어한다고 했다.

《군주론》의 군주는 마음을 숨기고, 겉모양을 취하고, 꾸밈을 좋아한다. 뭔
가를 바라고, 군주의 실천 가이드를 행한다. 동양의 군자와 너무나 다른 모
습이다.

결론적으로 《군주론》의 가르침은 정답이거나 진리가 아니다. 개인의 생각
과 견해에 불과하다. 《군주론》의 주장과 정반대되는 교훈을 설파하는 고
전이 너무나 많다. 다만 인간 본성과 의도는 전혀 다르며, 누구나 이 두 가
지가 달라질 수 있고 변할 수 있다는 것을 고려하게 됐다.

3 | 저자의 인생과 경험을 토대로, 자신의 인생과 미래에 대한 자세와 방향, 총합적인 의식을 확장시켜본다.

《군주론》만으로 마키아벨리를 평가하는 것은 한계가 있다. 마키아벨리는 철저한 약자였다. 공직에서 쫓겨나고, 고문과 형벌을 받고, 15년을 일 없이 가난한 농부와 함께 산골에서 궁핍한 삶을 살아내야 했다.

그러고 보면 그의 냉소적인 철학은 당연한 것인지도 모른다. 그의 마음에 상처와 아픔이 얼마나 가득했을까. 극심한 고문의 고통과 인생이 다 끝나 버린 것 같은 심한 좌절과 분노, 지하 감옥의 추위, 이런 것들이 그를 궁지로 몰아 세상에 대한 의식과 시각을 바꿔놨다. 사람이란 탈을 쓴 짐승을 다시는 만나지 않겠노라고 스스로 다짐할 정도로, 세상과 인간에게 큰 상처를 입었다.

마키아벨리처럼 하루아침에 잘나가던 공직에서 파면당하고, 반역 혐의로 체포돼 구속된다면 나는 어떻게 할까? 과연 잘 극복해낼 수 있을까? 게다가 혹독한 고문까지 당하고 삶이 완전히 박살난다면?

마키아벨리를 위대한 인간이라고 생각하고 《군주론》을 읽으면 그의 주장에 빠져들게 된다. 하지만 그의 처절했던 삶을 살펴보면 《군주론》에 잠식당하는 것을 막을 수 있다.

우리가 고전이라고 칭하는 《군주론》은 사실 마키아벨리가 세상과 인간에게서 절망과 배신, 좌절과 실패를 모두 다 겪은 뒤 최악의 상황에서 쓴 책이다.

게다가 《군주론》은 누군가에게 잘 보이기 위해, 다시 발탁되기 위해 쓴 자기소개서 혹은 군주를 위한 '좋은 군주가 되기 위한 제안서' 같은 책이다.

그 모든 시련을 겪기 전에 썼다면 지금과는 완전히 다른《군주론》이 됐을 것이라고 확신한다.

마키아벨리는 격변의 시대를 살았다. 종교적 광기로 화형을 당하는 사보나롤라Girolamo Savonarola를 목격했고, 그 과정에서 권력의 부침을 철저하게 체험했다. 시민들에게 잘못 보이면 화형도 당할 수 있다는 것을 말이다. 대중의 힘을 얼마나 실감했을까?

늘 기준이 없고, 자기 이익을 위해서는 언제든 말을 바꿀 수 있고, 겁을 주면 따르고, 사랑을 주면 머리 위로 올라가려는 것이 바로 대중이라는 의식을 가지게 됐을 것이다.

또 우유부단한 지도자가 가장 무능한 지도자라는 사실도 목격했을 것이고, 자신의 영웅이기도 한 체사레 보르자가 용병대장들을 몰살시키는 현장을 지켜보면서 인간의 사악함과 권력의 무서움을 배웠을 것이다. 사자의 힘과 여우의 지혜가 있어야만 생존할 수 있다는 생각이 확고해졌을 것이다. 군주가 냉혹해지지 않고 선을 내세우고자 한다면, 인간은 사악하고 간사하며 자신의 이익만을 내세우기 때문에 결국 파멸을 면치 못할 것이라는 사실을 현실을 통해 배우고 또 배웠다.

결국 그는 17장에서《군주론》의 핵심인 "사랑받는 것보다 두려움의 대상이 되는 편이 훨씬 더 안전"하다고 주장한다. 은혜도 모르고, 변덕이 심하고, 기만에 능하고, 욕심에 눈이 먼 인간들이 너무나 많기 때문이다.

사자의 힘과 여우의 지혜가 필요한 것은 주위에 악한 인간들이 넘쳐나기 때문이라고 말한다. 그러면서도 체사레 보르자의 몰락을 지켜보며 또 한 번 혼란에 빠졌을 것이다. 그리고 드디어 말한다. 주저하거나 우유부단하지 말고, 당당하고 남자답게 운명을 헤쳐나가라고 말이다.

하지만 율리우스 2세의 놀라운 성과를 보고 다시 한 번 많은 것을 배웠다. 400명에다 제대로 된 무기도 없는 율리우스 2세의 군대가 페루자와 볼로냐를 순식간에 함락시켜버렸다. 이 믿을 수 없는 일을 두 번이나 목격하면서 그는 선량함과 양심보다는 사자와 같은 강함과 여우의 지혜가 있어야 함을 또 한 번 깨달았다. 이 위대한 업적은 율리우스 2세가 인색하다는 평판을 듣는 것 정도는 개의치 않았기 때문에 가능했다고 결론 내렸다.

만약에 내가 그였다면 어떤 시각을 가지게 됐을까? 여기에 대해서는 확실하게 답할 수 없겠다. 하지만 이 책과 그의 주장을 내 의식과 인생에 적용해보면 이렇게 바뀔 것 같다.

인간은 모두 사악하고 간사하고 기만에 능하고 위선적이고 자신의 이익과 욕심에 눈이 먼 존재라고 할 수 있지만, 나 역시 인간이다. 또한 인간은 양면적이다. 그래서 동시에 모두 선하고 순수하며 사랑과 희생을 기꺼이 타인을 위해 해줄 때 더 큰 기쁨과 감동을 느낀다.

결론은 자신의 삶의 기준과 원칙, 철학을 정립하라는 것이다. 지나치게 사람을 의심하거나 난폭하게 행동해서는 안 된다. 무조건적인 사랑도 문제가 있다. 전자든 후자든 상대뿐 아니라 자신에게도 덕이 될 것이 없다.

삶의 기준이 있고, 철학과 원칙이 있는 사람은 상대가 어떤 사람이라도 요동하지 않고, 어떤 상황에서도 흔들리지 않고, 자신의 말과 행동을 스스로 제어할 수 있다. 한비자의 가르침처럼 말이다.

내가 세운 삶의 기준, 원칙, 철학을 잠깐 이야기해볼까 한다.

1) 교활하고 간사하여 권모술수로 이득을 보거나, 목표를 달성한 사람은 반드시 몰락한다. 그러므로 공명정대해야 하고, 정직하고 성실해야 한다.

2) 절대로 누군가를 모욕, 멸시, 무시해서는 안 된다. 얼마나 많은 이가 타인을 모욕하고 무시해 멸망을 자초했는지 알면 놀라지 않을 수 없다.

3) 가장 해로운 행위는 타인을 험담하는 것이다. 이는 가장 확실한 파멸의 길이며, 가장 어리석은 행위다.

4) 모욕을 참지 못하는 것, 쉽게 화를 내는 것, 자신의 의도를 숨김없이 다 말해버리는 것은 자신이 얼마나 어리석은 사람인지를 공공연하게 밝히는 최악의 행위다.

5) 돈을 손해 보는 것은 사실 작은 손해고, 사람을 잃고 관계가 멀어지는 것이 가장 큰 손해다. 이것은 회복 불가한 손해이며 가장 치명적이다.

6) 가장 큰 재앙은 만족할 줄 모르는 것이다. 욕심보다 더 큰 재앙은 없다. 욕심을 버리는 순간, 평화와 평안이 찾아와 마음이 고요해진다.

내가 세운 세 가지 언행 원칙과 규정

1 │ 절대 사람을 무시하지 마라(험담도 포함).

2 │ 절대 이익과 명예를 독차지하지 마라(욕심내지 마라).

3 │ 절대 감정과 조바심으로 일을 처리하지 마라(전략과 지모를 갖춰라).

◆ 의식 단계 훈련 스킬 및 노하우

1 │ 의식 단계에 맞는 질문에 답하기

- 이 책을 읽고 나서 달라진 의식 기록하기
- 이 책과 작가로 인해 자신의 삶에 직접적으로 영향을 준 의식의 변화와 확장 기록하기
- 인생과 미래로 의식을 확장시켜보기
- 나라, 민족, 인류, 우주로 의식을 확장시켜보기
- 개인, 민족, 인류에 대한 이 책의 의의 기록하기

2 │ One Book One Sentence 작성하기

- 《군주론》을 한마디로 요약하라

  "군주는 세 가지를 갖춰야 하고, 세 가지를 버려야 한다."

  갖춰야 하는 세 가지는 다음과 같다.

  1) 자신의 사람으로 구성된 자신의 군대와 자신을 지지하는 시민

  2) 사악함과 인색함

  3) 포르투나와 맞설 수 있는 비르투스(사자의 힘과 여우의 지혜)

  버려야 할 세 가지는 다음과 같다.

  1) 시민의 미움과 경멸

  2) 용병

  3) 우유부단함과 중립

3 | 1+1 Book Choice 선택하기

• 《통치자의 지혜》

  : 《군주론》과 쌍벽을 이루는 책. 지은이는 마키아벨리와 둘도 없는 친구인 프란체스코 귀차르디니다. 그렇지만 군주에 대한 의견은 상충하는 부분이 많아서 《군주론》을 읽었다면 반드시 읽어야 하는 책이다.

• 《로마사》

  : 지은이는 당대에 유명한 역사가였던 티투스 리비우스다. 마키아벨리가 가장 사랑한 책으로, 이를 초서해 쓴 책이 바로 《로마사 논고》다. 2,000년 동안 많은 사랑을 받은, 읽지 않을 수 없는 책이다.

10장

초서 독서법은 천재의 뇌를 만든다

쓰기와 기억력의 관계

인간의 뇌는 평생 변화하며 뭔가를 배울 수 있다. 외부 세계의 갖가지 상황에 대응해 뉴런들 간의 연결을 재배열함으로써 뭔가를 배운다. 여행을 가서 낯선 경험을 해도 뇌에 뭔가가 입력된다. 그러면 뇌의 뉴런들이 이리저리 연결되면서 변화하고 새로운 것을 배우게 된다. 그런데 입력되는 것이 없으면 뉴런들 간의 연결 상태가 달라지지 않고, 심지어 퇴화한다. 그래서 독서나 여행, 경험, 공부가 뇌에 생명을 공급하는 역할을 하는 것이다.

그렇다면 쓰기와 기억력은 어떤 관계일까? 쓰기를 하면 뇌의 전전두엽이 활성화된다. 일본 뇌 기능 개발 연구의 1인자인 가와시마 류타 도호쿠대학교 교수의 연구 팀이 한자 공부할 때의 뇌 활동을 측정해봤다. 쓰지 않고 눈으로 보기만 하고 외우려 할 때와 쓰면서 암기하고자 할 때를 비교했다. 그 결과, 후자가 좌우 전전두엽이 모두 활성화하는 것으로 나왔다. 즉 '쓰는 활동'이 좌우의 뇌를 더 많이 움직이게 하는 것이다. 반면에 눈으로만 보면서 한자를 암기할 때는 사물을 보는 후두엽과 좌뇌의 전전두엽 세 군데 등 작은 영역만 활동했을 뿐이다. 이렇게 쓰기를 하면 뇌의 많은 부분이 사용되기 때문에 기억력이 향상되고, 암기한 내용을 오래 기억하기도 쉽다.

모기 겐이치로茂木健一郎는《뇌가 기뻐하는 공부법腦を活かす勉强法》에서 기억은 대뇌피질에 있는 측두엽의 측두연합야라는 곳에 축적된다고 밝혔다. 측두연합야는 오감(시각·청각·미각·후각·촉각)이나 행동 동기나 심리적 태도와 같은 여러 가지 기능, 즉 '모댈리티modality'를 종합하는 부분이다. 그래서 여러 가지 모댈리티를 이용하면 기억이 쉽게 정착된다는 것이다. 쉽게 말해 영어를 머릿속으로만 읽지 않고, 귀로 듣고 눈으로 보고 소리를 내서 읽고 손으로 쓰면 모댈리티를 종합적으로 사용하게 되면서 훨씬 쉽게 기억을 저장할 수 있다.

뇌는 실수를 통해 더 나은 인생을 살게 한다

뇌가소성은 인류에게 큰 의식 혁명을 가져다줬다. 이것이 발견되기 전에는 많은 사람이 "공부도 때가 있고, 성인이 되면 머리가 굳어져서 공부할 수 없어!"라고 생각해 더 나은 존재로의 성장과 발전을 하지 못했다.

신경과학자 리처드 레스탁Richard Restak을 비롯한 많은 과학자가 "우리는 신생아 때뿐 아니라 평생에 걸쳐 외부 환경에 변화를 줌으로써 뇌의 시냅스 구조를 변화시킬 수 있다"라고 말한다. 뇌 세포는 끊임없이 새로운 수지상돌기와 수용체를 생산하고 새로운 시냅스를 만들어 낸다. 그리고 뇌 세포는 뇌 활동을 자극하는 신경전달물질을 바꿔놓고, 궁극적으로는 어른의 뇌도 새로운 세포를 만들어낸다.

나이와 상관없이 뇌는 언제든 회복될 수 있다. 뇌는 우리 몸속 그 어떤 기관과도 다르다. 심장·간·폐·신장 등의 기관은 사용할수록 기능이 떨어지지만, 뇌는 사용할수록 기능이 향상된다.

나이가 너무 많다는 생각은 버리는 것이 바람직하다. 나이는 숫자에 불과하다. 뇌를 더 나은 쪽으로 변화시키기에 너무 늦은 나이란 없다.

그렇다면 어떻게 해야 뇌를 잘 사용할 수 있을까? 낯선 것을 피하지 말고, 새로운 것을 배울 기회를 두 팔 벌려 환영하면 된다.

전두엽을 통해 우리는 본능을 초월한 삶을 살 수 있다. 인간은 지구상의 다른 어떤 종보다도 진화하고 발달된 전두엽을 가지고 있다. 그래서 선택과 의지, 완전 자각이라는 엄청난 잠재력을 가지게 됐다고 학자들은 말한다. 인간은 전두엽이 있기 때문에 실수를 통해 배우며 더 나은 인생을 살 수 있는 것이다.

우울증도, 불행도, 기분도 모두 뇌 때문이다

내가 책을 통해 사사하면서 가장 좋아하게 된 뇌과학자가 있다. 세계적인 뇌 의학 분야 전문가인 다니엘 G. 에이멘Daniel G. Amen 박사다. 그는 《그것은 뇌다Hange Your Brain, Change Your Life》(브레인월드)라는 책에서 이렇게 말했다.

> 뇌는 영혼의 하드웨어다. 뇌가 올바로 작동하지 않으면, 우리는 진정으로 되고 싶어 하는 사람이 될 수 없다. 뇌가 어떻게 작동하느냐에 따라서 행복의 정도, 효율적인 업무 능력 그리고 대인 관계의 수위가 결정된다.

그렇다. 뇌는 영혼의 하드웨어다. 뇌의 상태가 우리 인생을 좌우한다. 만약 당신이 불안하거나 우울하거나 강박증이 있거나 화를 참을 수 없거나 쉽게 주의가 산만해진다면 그것은 마음이 아니라 뇌의 문제다. 뇌가 건강한 사람은 훨씬 더 건강하게 살 수 있을 뿐 아니라 우울증과 같은 질병에도 걸리지 않는다.

실제로 뇌와 우울증은 밀접한 연관이 있다. 우울증 환자들은 부분적인 인지 장애도 함께 겪는다. 뇌가 정상적으로 활성화되지 않기 때문이다. 그래서 우울증 환자들은 책을 읽거나 드라마나 영화를 봐도 곧바로 딴 곳으로 정신이 분산된다. 뿐만 아니라 심한 피로감과 무기력과 우유부단함까지 겪는다. 한마디로 뇌가 건강하지 못하면 건강하고 행복한 삶을 살아가는 것이 불가능하다.

건강하고 행복하게 살기 위해서는 마음보다 뇌에 초점을 맞춰야 한다. 뇌는 행복을 직접적으로 통제한다. 행복감은 수백만 년에 걸친 진화 과정에서 형성된 신경회로의 작용이며, 그 결과다. 긍정적인 감정과 부정적인 감정은 모두 현재 처한 상황, 위협, 그리고 환경에 반응하는 신경회로가 만들어낸 결과물이다.

더 놀라운 사실이 있다. 만족을 느끼는 뇌 영역과 욕망을 느끼는 뇌 영역이 별개로 작동한다는 사실이다. 정말 우리 인간의 뇌는 신비롭다. 이해하기 쉽지 않다. 욕망과 만족의 뇌 회로가 다르다는 사실은 매우 놀라울 뿐 아니라 아주 중요하다. 행복의 실체를 규명하는 매우 중요한 실마리가 되기 때문이다. 우리는 흔히 욕망을 충족시킴으로써 행복(만족)을 추구하려 하지만, 사실은 욕망과 만족이 서로 별개임을 인식해야 한다.

뇌 건강을 위해 좋은 습관 열 가지

1. 모든 일에 감사하고 긍정하는 습관
2. 걷고, 씹고, 웃고, 노래 부르고, 춤추는 습관: 인간에게 가장 기본적인 리

듬운동인 걷기, 씹기를 비롯해 웃기, 노래 부르기, 춤추기를 하면 세로토
닌 신경이 자극을 받아 활성화된다.

3. 조깅, 수영 등과 같은 운동을 꾸준히 하는 습관

4. 매일 뭔가 새로운 것을 배우고 공부하는 습관

5. 좋아하는 일을 하는 습관

6. 삶의 의미와 목적을 갖고 도전하는 습관

7. 물을 자주 마시고, 적절한 영양을 취하는 습관

8. 사랑하는 사람들과 함께 많은 시간을 보내는 습관

9. 타인을 위해 기도와 명상을 하는 습관

10. 재미있고 즐겁고 활력을 주는 것들을 하는 습관

뇌 건강에 좋지 않은 습관 열 가지

1. 빈둥빈둥 시간을 흘려보내는 습관

2. 술, 담배, 카페인에 자신을 많이 노출시키는 습관

3. 부정적인 측면에 초점을 맞추는 습관

4. 집착에서 벗어나지 못하는 습관

5. 삶의 목적과 계획 없이 그저 사는 습관

6. 부정적인 표정과 말을 자주 짓거나 하는 습관

7. 책과 공부에 담을 쌓고 사는 습관

8. 죄책감이나 실수에 너무 연연해하는 습관

9. 타인의 시선이나 결과에 너무 크게 신경 쓰는 습관

10. 타인을 배척하고, 경청이나 대화를 싫어하는 습관

운동만 해도 뇌가 단련된다

반갑게도 운동만 해도 뇌가 단련된다. 신체 활동만 자주 해도 뇌가 단련되고 쇠퇴하지 않는다. 누구나 운동하면 기분이 좋아진다는 사실은 안다. 답답한 마음에 운동장을 마음껏 달렸더니 후련해지고 기분이 좋아진 적이 누구나 있을 것이다.

그런데 도대체 왜 그런 것일까? 그냥 스트레스가 사라져서? 뭉친 근육이 풀어지거나 엔도르핀 수치가 높아져서?

운동하면 유쾌한 기분이 드는 이유는 뇌가 운동으로 혈액을 공급받고 최적의 상태가 되기 때문이다. 하버드대학교의 뇌과학자 존 레이티John J. Ratey는 운동하면 근육이 발달하고 심장과 폐 기능이 개선되는 것은 부산물에 불과하다고 말한다. 결론적으로 운동의 진정한 목적은 뇌에 있다. 몸도 튼튼해지겠지만, 그보다 뇌의 구조와 기능이 개선된다. 운동이 뇌에 끼치는 영향을 더 자세히 알고 싶다면 존 레이티가 쓴 《운동화 신은 뇌Spark》를 읽어보길 바란다.

이 책에 따르면 운동할 때 첫째, 만성 스트레스로 생기는 과잉 코르티솔의 부식 효과가 억제돼 우울증과 치매를 예방할 수 있다.

둘째, 흥분성 신경전달물질인 글루탐산염이 적정 수치를 벗어나 세포를 파괴하는 것을 방지해 뉴런을 보호한다.

셋째, 신경전달물질과 신경영양인자, 뉴런 사이의 연결이 모두 늘어나 우울증이나 불안으로 오그라든 해마의 상태가 좋아지고, 항상 즐거운 기분이 유지되며, 우울증 증세가 호전된다.

넷째, 뇌세포 간 연결이 강화되고 시냅스가 더 많이 생성돼 연결망이 확장되며, 해마에서 생성된 새로운 줄기세포들이 분열하고 성장한다.

그렇다면 얼마나 운동해야 이런 효과를 볼 수 있을까?

과하게 할 필요는 전혀 없다. 적당히, 자주 하는 것이 중요하다. 이 책에 소개된 한 연구에 따르면, 어떤 형태로든 일주일에 두 번만 운동하면 충분하다. 하루에 20분씩 걸으면 노인들이 지적장애를 일으키는 중요 원인 가운데 하나인 뇌졸중 같은 발작을 일으킬 위험이 57퍼센트나 낮아진다고 한다.

천재를 만드는 스위트 스폿을 발견하라

우리는 하루 동안 엄청난 양의 정보를 흡수하고 방대한 경험을 한다. 이런 자극과 경험, 정보와 지식을 통해 사고의 전환을 일으키고, 인생을 바꾸고, 세상을 다르게 바라보게 된다.

하지만 모든 사람이 사고의 전환을 일으키는 것은 아니다. 사고의 전환을 일으키는 조건이나 뇌의 지점이 있으며, 이를 '스위트 스폿 Sweet Spot'이라고 말하는 이들이 있다.

세계적인 컨설팅 회사 RCS의 설립자이자 CEO인 데이비드 록David Rock은 뇌가 업무 성과에 미치는 엄청난 영향력을 발견했다. 2006년,

그는 '신경 리더십Neuroleadership'이라는 분야를 개척, 신경과학을 바탕으로 개인과 조직의 업무 수행력을 향상하는 데 열정을 쏟기 시작했다. 그가 쓴《일하는 뇌Your Brain at Work》란 책을 보면 스위트 스폿에 대한 소개가 나온다.

1908년, 로버트 여키스Robert Yerkes와 존 닷슨John Dodson은 인간의 과제 수행 능력에 관한 실험을 통해 최고 성과를 거두는 지점인 '스위트 스폿'이 있다는 사실을 알아냈다. 이에 따르면, 최고 성과를 거두는 지점은 바로 위아래가 뒤집힌 U자의 제일 윗 부분으로, 스트레스가 적당한 지점이다. 즉 스트레스가 적으면 수행 능력이 떨어지고, 스트레스 수준이 적당하면 스위트 스폿에 이르며, 스트레스가 높으면 다시 수행 능력이 떨어진다는 것이다.

이렇게 '스위트 스폿'에 도달하는 과정은 오랫동안 인간의 창의성과 행복을 연구한 세계적 석학 미하이 칙센트미하이Mihaly Csikszentmihalyi 박사가 주장한 몰입Flow에 빠져드는 것과 다르지 않다. 박사는 창의성의 근원을 파헤치기 위해 화가들을 관찰하다가 원래 목적보다 훨씬 더 중요한 사실을 발견했다. 바로 화가들의 몰입 능력이다.

그는 화가들이 캔버스 위로 펼쳐지는 그림에 대단히 깊이 몰두한다는 점을 발견하고 매우 놀랐다. 화가들은 거의 최면과 같은 상태에 빠져 마음속 영상을 형상화하려고 애쓰는 듯 보였다. 그림이 흥미롭게 전개되기 시작하면 거기에서 눈을 떼지 못했고, 허기와 사회적 의무, 시간과 피로를 모두 잊고 계속 앞으로 나아간다는 몰입의 최고 단계에 빠져들었다. 집중, 몰두, 깊은 연대감, 기쁨, 성취감을 느끼며 사람들이 최고의 순간이라고 묘사하는 바로 그 순간이 몰입 상태였던 것이다. 좋은 책에 빠져 있거나 훌륭한 공연을 관람할 때, 사랑하는 연인에게 말을 건넬 때, 조각가가 대리석을 깎을 때, 과학자가 실험에 몰두할 때 공통적으로 느끼는 이러한 느낌을 박사는 '플로우 경험Flow Experience'이라고 이름 붙였다.

천재들은 하나같이 이런 스위트 스폿 혹은 몰입을 누구보다 자주 경험하며 이런 놀라운 상태를 자신의 환경과 일상으로 만들 줄 알았다. 천재는 태어나는 것이 아니라 환경에 의해 만들어진다. 그리고 그 환경을 스스로 만드는 경우도 있다. 스위트 스폿을 발견하는 것, 몰입하는 것이 바로 그것이다.

초서는 천재 뇌뿐 아니라 장수 뇌를 만든다

인간은 누구나 건강하게 오래 살기를 바란다. 그렇다면 무엇보다 뇌를 단련해야 한다.

《두뇌의 힘 100% 끌어올리기脳が冴える15の習慣》를 쓴 쓰키야마 다카시築山節 의학박사는 손을 사용하는 것, 손발을 움직이는 것 등은 뇌의 혈류를 원활하게 해 뇌 건강과 뇌 기능 향상에 좋다고 했다.

손과 발, 입을 움직이는 운동 기능은 뇌의 표면 중앙 부분에 분포돼

있다. 이 영역이 활발하게 움직인다는 것은 바로 이곳에 이르는 뇌의
혈류가 좋아진다는 뜻이다.

초서 독서법은 뇌 단련뿐 아니라 뇌 호르몬 분비에도 탁월하다. 과
학자들은 오래 살고 싶다면 뇌 호르몬을 많이 분비해야 한다고 주장
한다. 장수하는 사람들과 그렇지 못한 사람들의 차이 중 하나가 뇌 호
르몬 분비라는 것이다.

그렇다면 뇌 호르몬 분비의 차이를 만드는 것은 무엇일까?

바로 삶에 대한 열정, 긍정적인 태도, 새로운 것에 대한 호기심, 끊
임없이 새로운 것을 배우고 탐구하는 자세, 흥미와 재미를 발견하는
자세 등이다. 그런데 초서 독서는 늘 새로운 것을 탐구하고 발견하고
삶에 대한 열정을 표현하는 과정이다.

세계적으로 저명한 역학자 마이클 마멋Michael Mamot 이 쓴 《사회적
지위가 건강과 수명을 결정한다The Status Syndrome 》에 매우 흥미롭고
충격적인 내용이 있다. 저자가 전 세계에서 수집한 증거와 자료를 통
해 건강과 행복, 장수를 결정하는 것이 사회적 지위라는 사실을 밝혀
낸 것이다. 즉 사회적 지위가 높은 사람이 그렇지 못한 사람보다 훨씬
더 건강하고 오래 살고 행복하다고 한다. 그래서 학사 학위를 가진 사
람보다 석사 학위를 가진 사람이 더 오래 더 건강하게 살고, 대학을 나
오지 않은 사람보다 나온 사람이 더 오래 건강하게 산다. 심지어 직함,
소득, 집이나 아파트 크기처럼 사소해 보이는 것들이 사람들의 건강
에 심각한 영향을 미칠 수 있다고 그는 주장한다. 다시 말해 지식과 의

식이 향상되면 향상될수록 더 장수할 것이라고 말해도 과언이 아니다. 나는 지식과 의식을 높이는 방법 중 하나로 초서 독서를 추천한다.

이런 사실을 증명이라도 하듯 초서의 대가들은 장수했다. 정약용은 당시 평균 수명이 40세인 데 비해 70세 이상을 살았고, 다빈치도 70세 이상을, 마오쩌둥은 80세 이상을 살았다. 이들이 장수한 이유는 손의 사용이 뇌를 자극하고, 뇌 호르몬 분비를 향상시키는 것과 무관하지 않을 것이다.

치매에 걸리지 않고 장수하는 사람들은 모두 바쁘게 움직이고, 끊임없이 머리를 사용해 독서하는 습관이 있다.

미국 켄터키 주의 메리 수녀는 101세로 세상을 떠날 때까지 평생 동안 정상적인 인지 능력을 유지했다. 그런데 부검 결과, 놀랍게도 그녀는 오래전부터 알츠하이머병에 걸렸을 뿐 아니라 뇌가 심각한 손상을 입은 상태였다. 알츠하이머병에 걸렸더라도 지속적으로 부지런히 머리를 사용하는 활동 즉 독서 같은 지적 활동을 하면 정상적인 인지 기능을 평생 유지할 수 있다는 것이 입증된 사례다.

독서가 얼마나 중요한 역할을 하는지 더 이상 말하지 않아도 이제 알 것이다. 독서 중에서도 가장 두뇌 친화적인 독서법이 초서 독서법이라는 것도 말이다.

| 에필로그 |

변화와 성장이 없다면
독서가 아니다

"만 권의 독서보다 천 권의 초서가 낫고, 천 권의 초서보다 한 권의
책 쓰기가 더 낫다. 책 쓰기는 혼자서 하기 힘들지만, 초서는 충분히
가능하다."

쓰기는 읽기보다 더 강력한 뇌의 사고 훈련이며 사고 도구, 그 자체
다. 독서를 하지 않은 사람이 책 쓰기로 바로 건너뛰는 것은 불가능하
다. 그래서 초서는 아주 강력한 책 쓰기 훈련 도구다.

독서는 반드시 해야 하는 것임을 이제 많은 사람이 깨닫고 있다. 의
식 수준이 높아진 덕이다. 하지만 초서나 저서가 반드시 해야 하는 것

이라는 사실을 깨달은 사람은 많지 않다. 그냥 독서면 되지, 무슨 초서냐고 말이다.

다산 정약용이 유배지에서 두 아들에게 강조하고 또 강조했던 것은 무엇일까? 세 가지다. 독서, 초서, 저서다. 이 세 가지는 엄밀하게 이야기하면 다른 것이다.

초서를 독서의 범주보다는 책을 읽는 독서와 책을 쓰는 저서의 중간 과정이면서, 엄연히 또 다른 하나의 분야로 인정한 최초의 학자가 정약용이다. 우리 민족의 역사에서 최고로 인정받는 그가 다른 학자와 달리 유독 강조하고 또 강조했던 말, 그가 입에서, 편지에서, 끊임없이 반복하여 사용했던 용어는 바로 "초서"라는 말이다.

초서는 독서와 다르고, 저서와도 다르다. 초서는 초서. 다산이 초서를 얼마나 강조했는지 유배지에서 두 아들에게 보낸 편지글 중 하나를 소개한다.

> 부디 자포자기하지 말고 마음을 단단히 먹어 부지런히 책을 읽는 데 힘쓰거라. 그리고 초서나 저서하는 일을 혹시라도 소홀히 하지 않도록 해라.

나는 다른 조선 선비들 역시 무척 좋아한다. 그들의 선비 정신과 공부를 대하는 자세가 참 좋다. 조선 시대 최고 지식인이었던 윤증은 이

204   —— 에필로그

렇게 말했다.

명색은 책을 읽는다고 하면서 실제 몸으로 행하지 못한다면 쓸모가 없다.
그것은 문장을 아름답게 꾸미고 말만 번지르르하게 하는 도구가 될 뿐이
니, 진정한 공부라고 할 수 없다.

조선 중기 도학자인 조식의 《남명선생문집》을 보면 이런 대목이 나
온다.

학문을 넓게 배우되, 이를 자기 것으로 소화해서 그것에 힘입어 자신의 경
지를 높이고 그 높은 경지에서 모든 사물을 환히 내려다보는 고명이 있고
서야 행함이 도에 어긋나지 않고 세상의 쓰임에 이롭지 않은 것이 없다.

책 1,000권을 집필한 최한기는 이런 말을 했다.

학문의 성취는 무엇으로 기준을 삼을 것인가? 하늘과 사람의 큰 도를 분명
히 이해하여 자기 몸에 실천하고 후학을 위해 길을 열어주는 것, 이것이 바
로 그 기준이다.

우리 선조들은 모두 책을 읽으면서 실천과 행함을 강조했다. 나는

여기서 한 단계 더 나아가, 변화와 성장이 없다면 독서가 아니라고 말하고 싶다. 책을 읽었다면 당연히 변화하고 성장해야 한다. 그러려면 책 내용이 뇌에 확실하게 각인되고 장기기억으로 남게 읽어야 한다. 이는 곧 뇌가 좋아하는 독서이기도 하다. 이왕 독서를 할 것이라면 뇌가 좋아하는 독서, 그리하여 결국 인생이 바뀌는 독서를 해야 하지 않겠는가.

초서 노트 간단 작성법

초서 독서법에는 다섯 단계가 있는데, 초보자들이 따라 하기가 쉽지 않다. 그래서 누구나 쉽게 따라 할 수 있고 이해할 수 있도록 독서 단계를 '독서 전, 독서 중, 독서 후'로 나눠 초서 독서법을 설명하고자 한다.

'독서 전' 단계는 책을 읽기 전 단계로, 일종의 준비 과정이다. 책을 제대로 읽기 위해 필요한 사전 지식을 빠르게 탐구한다.

- 제목과 표지에서 알 수 있는 것은 무엇인가?
- 차례에서 알 수 있는 것은 무엇인가?
- 책의 주제와 내용을 예측해서 기록해보자.
- 책을 제대로 이해하기 위해 필요한 사전 지식이나 분야는 무엇인가?

먼저 제목을 비롯해 표지, 차례, 서문을 대강 훑어보면서 책의 주제와 내용이 뭔지 생각해보고 이를 독서 노트에 기록한다. 보통 5~10분 정도밖에 걸리지 않지만, 책을 읽기 전에 이런 과정을 거치느냐 아니면 그냥 무조건 읽어 내려가느냐에 따라 독서 효과가 크게 달라진다는 사실을 생각하면 결코 등한시할 수 없다. 게다가 어려운 책일수록 책을 제대로 읽기 위한 준비 과정이 더 중요하다. 배경 지식 유무에 따라 책을 읽는 속도와 깊이가 달라질 수밖에 없기 때문이다.

책 앞부분을 조금 읽어봤는데 도저히 이해되지 않아 계속해서 읽기 힘들다면 그때는 그 책을 잠시 읽지 않는 것도 현명한 방법이다. 나는 같은 주제의 쉬운 책들을 몇 권 정도 읽어본 다음 다시 도전한다.

다음으로 '독서 중' 단계다. 이때 책 내용의 70~80퍼센트 정도가 기록될 것이다.

- 핵심 내용이 책 어디에 있는가?
- 핵심 문장은 무엇인가?
- 작가의 주장, 견해는 무엇인가?
- 작가는 결국 무엇을 말하고자 하는가?
- 누구를 위한, 무엇에 대한 책인가?
- 구체적인 책 내용은?
- 전체적인 느낌은?
- 삶에 대한 통찰, 인간에 대한 통찰을 담은 책인가?

노트를 펴고, 제목을 쓰고, 작가와 출간일 정도를 쓰면서 지금부터 책을 읽을 것이라는 신호를 몸과 마음에 보낸다. 그러면서 의식을 집중하면 정신이 맑아진다. 본격적으로 읽으면서는 중요한 내용을 베껴 쓴다.

독서 경험이 생애 통틀어 3,000시간(약 하루에 10시간씩 1년 정도) 미만 인 경우에는 베껴 쓴 내용과 자신의 생각이 7 대 3 정도가 된다. 책에 따라서는 80퍼센트를 넘게 베껴 쓰기도 한다. 이렇게 손을 움직여 베껴 쓰면, 손을 가만히 뒀을 때는 도저히 떠오르지 않는 좋은 생각들을 할 수 있다. 3,000시간이 넘어가면 5 대 5 정도로 비슷해졌다가 6,000 시간이 지나면 비로소 역전된다. 나는 지금 책 내용의 비율은 1도 되 지 않고, 거의 대부분 내 생각을 초서하고 있다.

책에 몰입할수록 그 책 내용이 좋다는 의미이며, 그럴수록 노트에 베껴 쓰는 양이 기하급수적으로 늘어난다. 심할 경우 손가락이 아플 정도로 베끼고 또 베낄 때도 있다. 이렇게 베낄 양이 많다는 것은 그 책을 통해 배울 내용이 엄청나게 많다는 의미다.

반면 제목만 써놓고 그 뒤로 단 한 줄도 쓰지 못하는 경우가 있다. 그 책을 통해 배운 것이 하나도 없거나 자신의 수준을 훨씬 뛰어넘는 책인 것이다. 이유야 어떻든 결과적으로 배운 것이 없다는 의미다.

독서 중 단계에서도 책을 3분의 1이나 심지어 2분의 1 정도까지 읽 었는데 흥미를 잃거나 별로 큰 감흥이 생기지 않으면 굳이 끝까지 붙 잡고 있을 필요가 없다. 오히려 빨리 다음 책으로 넘어가는 것이 훨씬 현명하다.

이렇게 독서 중 단계를 마치면 책을 어느 정도 다 읽은 것이다. 독서 전과 독서 중 단계의 비율을 따지면 1 대 6 정도다. 즉 독서 전 단계가 10분이었다면 독서 중 단계에는 60분 정도를 투자하게 된다. 물론 절대적인 법칙은 아니다. 책 내용과 수준에 따라 얼마든지 달라질 수 있다.

전체 과정을 비율로 따져보면 이해가 조금 더 쉬울 것이다.

> 독서 전: 독서 중: 독서 후=1: 6: 3

독서 전체 과정 중 가장 중요한 부분은 바로 독서 후다. 왜냐하면 이 독후 과정에서 가장 많이 생각과 의식의 도약이 일어나기 때문이다.

'독서 후' 단계에서는 책 내용에서 과감하게 벗어나, 자신의 생각과 새로운 의식을 토대로 자신만의 책으로 재탄생시킨다. 즉 책 내용보다 책 밖의 내용이 70~80퍼센트 정도 돼야 의미가 있다.

- 책을 읽고 나서 달라진 자신의 의식을 관찰하고 성찰해 그 변화를 기록한다.
- 이 책을 통해 달라진 생각과 의식은 무엇인가?
- 책 내용에서 인생과 미래로 의식을 확장시켜본다.
- 나라, 민족, 인류, 우주로 의식을 확장하여 이 책의 내용, 주장과 연결시켜본다.

- 개인, 민족, 인류에 대한 이 책의 의의는 무엇인지 생각해본다.
- 이 책을 주제로 수많은 사람 앞에서 특강을 한다고 생각하고, 특강 제목과 내용을 실제로 정해보고, 특강 자료를 만들어본다.
- 이 책을 설명하는 한 단어, 키워드를 선정해본다.
- 이 책을 한 문장으로 요약해본다(One Book One Sentence).
- 이 책을 읽은 덕분에 반드시 또는 필연적으로 읽어야 할 한 권을 선정해본다(1+1 Book Choice).

독서 후 노트는 별도로 마련하는 것을 추천한다. 독서 중에는 책 내용 위주로 노트를 작성했다면, 약간의 시간을 가진 뒤의 독서 후 단계에서는 책이 아닌 독서 중 단계에서 기록한 노트만 보고 요약의 요약을 하는 것이다.

가령 핵심 문장 하나, 핵심 내용, 저자의 생각과 주장을 정리한 다음 자신의 생각과 자신이 저자라면 어땠을지 등 책을 읽은 후 달라진 의식과 사고에 대해 적는다. 가장 중요한 '한 문장으로 요약하기'도 여기에 기록한다. 이때 독서 중 단계 기록의 10분의 1 정도만 기록하고, 나머지는 책의 핵심 내용, 저자의 주장과 자신의 생각이 치열하게 맞서는 부분, 자신이 저자라면 이 책을 어떤 방식으로 어떤 내용으로 쓸지를 적는다. 책 내용이 아닌 자신의 머리로 만들어낸 새로운 내용들로 노트를 작성하는 데 의의가 있다.

◆ 표로 간단하게 초서 독서법 따라 하기 ◆

‒ 3단계 초서 독서법: 독서 전, 독서 중, 독서 후 노트 작성 예시 해설 ‒

제목: 출판사:

저자: 날짜:

단계	단계별 주요 내용
1단계 독서 전 단계 10퍼센트	**책을 제대로 읽기 위해 필요한 사전 지식을 빠르게 탐구하는 단계** 먼저 제목, 표지, 차례, 서문을 대강 훑어보면서 이 책의 내용과 주제가 뭔지 생각해보고, 이에 대한 자신의 생각을 기록한다
2단계 독서 중 단계 60퍼센트	**책 내용을 베껴 쓰기도 하고, 책을 읽으면서 생각한 것들, 깨달은 것들, 의식이 달라진 것들을 적는 단계**
3단계 독서 후 단계 30퍼센트	**책 내용에서 과감하게 벗어나 자신의 생각과 새로운 의식을 토대로 자기 자신만의 책으로 재탄생시키는 과정. 즉 책 내용보다 책 밖의 내용이 70~80퍼센트 정도 돼야 의미가 있다** 약간의 시간이 흐른 후(내 경우에는 도서관에서 책을 읽고 집에 온 뒤 또는 그다음 날) 별도의 노트에 책은 보지 않고 자신이 기록한 노트만 보면서 내용을 작성한다

– 3단계 초서 독서법: 독서 전, 독서 중, 독서 후 노트 예시 –

제목: 출판사:

저자: 날짜:

단계	질문	답변
1단계 독서 전 단계	• 제목과 표지에서 알 수 있는 것은 무엇인가? • 차례에서 알 수 있는 것은 무엇인가? • 책의 주제와 내용을 예측해서 기록해보자 • 책을 제대로 이해하기 위해 필요한 사전 지식이나 분야는 무엇일까?	
2단계 독서 중 단계	• 핵심 내용이 책 어디에 있는가? • 핵심 문장은 무엇인가? • 작가의 주장, 견해는 무엇인가? • 작가는 결국 무엇을 말하고자 하는가? • 누구를 위한, 무엇에 대한 책인가? • 구체적인 책 내용은? • 전체적인 느낌은? • 삶에 대한 통찰, 인간에 대한 통찰을 담은 책인가?	
3단계 독서 후 단계	• 책을 읽고 나서 달라진 자신의 의식을 관찰하고 성찰해 그 변화를 기록한다 • 책과 작가가 직접적으로 영향을 준 의식의 변화와 확장은 무엇인가? • 책 내용에서 인생과 미래로 의식을 확장시켜본다 • 나라, 민족, 인류, 우주로 의식을 확장하여 이 책의 내용, 주장과 연결시켜본다 • 개인, 민족, 인류에 대한 이 책의 의의는 무엇인지 생각해본다 • 이 책을 주제로 수많은 사람 앞에서 특강을 한다고 생각하고, 특강 제목과 내용을 실제로 정해보고, 특강 자료를 만들어본다 • 이 책을 설명하는 한 단어, 키워드를 선정해본다 • 이 책을 한 문장으로 요약해본다(One Book One Sentence) • 이 책을 읽은 덕분에 반드시 또는 필연적으로 읽어야 할 한 권을 선정해본다(1+1 Book Choice)	

현대식 초서 독서법, BTMS 배워보기

BTMS 초서 독서법은 초서 독서법을 현대식으로 만들어 책을 제대로, 완벽하게 자신의 것으로 소화시켜 독서할 수 있도록 만든 초서 독서 기록법이다.

1단계. Book 단계 | 책을 읽고 핵심 내용과 중요 문장을 파악한다
→ 책 내용을 온전하게 이해하고 그 뜻을 강구하는 단계

2단계. Think 단계 | 자신의 주관, 생각, 견해를 책에 덧입힌다
→ 생각으로 시작해서 생각으로 끝나는 단계

3단계. Mind 단계 | 책을 통해 자신의 의식 변화를 성찰한다
→ 생각만으로 끝나면 남는 것이 없고, 오히려 혼란스러울 수 있다. 이를 방지하고 독서 효과를 극대화하기 위해 자신의 의식 변화 과정을 최대한 성찰하는 단계

4단계. Summary 단계 | 해당 독서를 요약하고 마무리한다
→ 가장 중요한 단계다. 초서 독서법만의 확장형 독서, 성장형 독서

가 가능한 One Book One Sentence, 1+1 Book Choice 과정을 실천함으로써 독서의 맥이 끊기지 않고 확장될 수 있게 돕는 단계

정리하자면 Book(책)을 읽고 → Think(생각)하고 → Mind(의식)를 확장하여 → 한 문장으로 Summary(요약)하고, 1+1 Book Choice하는 과정을 독서 노트에 상세히 기록해나가는 것이다.

많은 이가 별다른 고민과 생각 없이 수동적으로 책 내용을 받아들이는 경향이 있다. 그런데 책을 읽으면서 이렇게 BTMS 초서 독서 노트를 작성하면 처음에는 익숙지 않아서 힘들겠지만, 책을 통해 충분히 성찰과 사색을 할 수 있을 뿐 아니라 자신을 뛰어넘는 사고 훈련이 된다. 그렇기 때문에 자신의 성장과 발전에는 말할 것도 없고, 삶을 살아가는 데도 든든한 밑거름이 돼줄 것이다.

◆ BTMS(현대식 초서 기록법) 응용하기 ◆

제목: 출판사:

저자: 날짜:

단계	단계별 주요 내용	스스로 평가하기
1단계. Book 단계	**Book 단계: 책을 읽고 핵심 내용과 중요 문장을 파악하는 단계** • 핵심 내용은 무엇인가? • 핵심 문장은 무엇인가? • 작가의 주장, 견해는 무엇인가? • 작가는 무엇을 말하고자 하는가? • 이 책은 결국 무엇에 대한 책인가? • 이 책의 내용은 구체적으로 무엇인가? • 책의 전체적인 느낌은 무엇인가? • 삶에 대한 통찰, 인간에 대한 통찰을 담은 책인가?	만족 불만족 상 — 중 — 하
2단계. Think 단계	**Think 단계: 자신의 주관, 생각, 견해를 책에 덧입히는 단계** • 자신의 주관은 무엇인가? • 책 내용에 대한 자신의 생각은 무엇인가? • 이 책의 존재 이유는 무엇인가? • 이 책에 대한 견해는 무엇인가? • 저자의 견해에 대한 견해는 무엇인가? • 이 책의 주장에 대한 견해는 무엇인가?	만족 불만족 상 — 중 — 하
3단계. Mind 단계	**Mind 단계: 책을 통해 자신의 의식 변화를 성찰하는 단계** • 이 책과 작가로 인한, 삶에 직접적으로 영향을 줄 수 있는 의식의 변화와 확장은 무엇인가? • 인생과 미래로 의식을 확장시켜보라 • 나라와 민족, 인류와 우주로 의식을 확장시켜보라 • 개인, 민족, 인류에 대한 이 책의 의의는 무엇일까?	만족 불만족 상 — 중 — 하
4단계. Summary 단계	**Summary 단계: 해당 독서를 요약하고 마무리하는 단계** • 이 책을 주제로 특강을 한다면 특강 제목은 무엇이 될까? • 이 책을 설명하는 한 단어, 키워드를 선정해보라 • 이 책을 한 문장으로 요약해보라(One Book One Sentence) • 이 책을 읽고 나서 반드시, 필연적으로 읽어야 할 책 선정해보라(1+1 Book Choice)	만족 불만족 상 — 중 — 하

저자의 초서 노트

◆ 초급 독서 노트 ◆

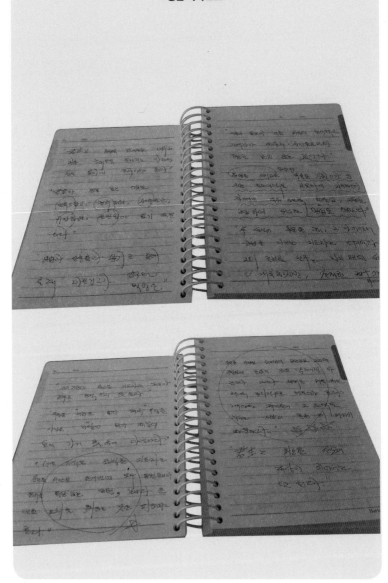

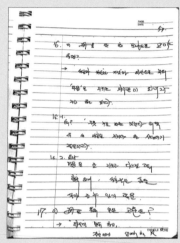

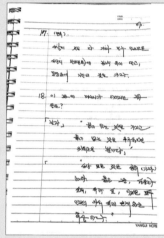

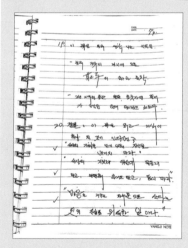

초서 독서법 수업 후기

◆ 초서독서법 1기 ◆ 박○○ 님 ···

초서 독서법은 내 삶에 진정한 변화와 도전을 가져다주었다

퀀텀 독서법이 많은 책의 이해를 위한 독서법이라면 초서 독서법은 한 권의 책을 완전히 독파하여, 책의 내용에 끌려다니는 독서가 아닌 나의 주관을 바로 세워주고 저자와 대화할 수 있도록 사고력과 의식을 확장시켜주는 독서법입니다.

초서 독서법의 5단계 중 1~2단계 훈련만으로도 이 정도인데 5단계까지 수업을 듣고 훈련을 하게 되면 제대로 독파하는 단계까지 성장할 수 있다는 생각에 가슴이 벅차오릅니다. 훈련을 하면 할수록 초서 독서법 위력에 압도당하는 기분입니다.

초서 독서법을 완전히 익히면 하루에 10권의 책을 독파하는 것도 어렵지 않게 된다고 합니다. 읽는 독서에서 생각하는 독서로 성장을 원하신다면 초서 독서법을 강력히 추천합니다. 저는 이제부터 퀀텀 독서법 중심에서 초서 독서법으로 새롭게 독서를 시작합니다.

리딩이 아닌 독파를 위한 독서입니다!

생각을 강요(?)하는 초서에 빠지다

정말 운 좋게 이 강의를 듣고 있습니다. 오늘 수업 듣기 전까지 초서에 대해서 아무것도 몰랐습니다. 초서를 흉내 내려 핵심이다 싶은 문장을 필사만 해보았지요.

이 강의에 앞서서 김병완 작가님이 초의식 독서법 특강을 했었는데 이때는 실습이 아니라 초의식 독서법의 뇌과학적 부분에 많은 시간을 투자하여 말씀하셨습니다. 구체적인 실행법은 초서 5단계는 혼자 하기 힘이 들기에 BTMS방법으로 하는 것이 좋다는 말씀도 했었습니다. 특강 때 강의와 질문, 답변으로 아쉬운 점을 채웠습니다. 그런데 그 아쉬움을 채우니 더 큰 목마름이 있었습니다. '저 독서법을 배워야 하는데' 생각은 하고 있었지만 어디에도 저걸 배울 수 있는 곳은 없었습니다.

그 독서법을 오늘 워밍업 단계로 초서 5단계 중 1, 2단계를 배웠습니다. 간단하게 말하면 이 독서법은 기존의 독서법과 궤를 달리합니다. 지식과 정보를 다루는 게 아니라 생각하기(thinking)를 강조! 강조! 강조! 합니다.

책에서 얻어내는 것이 지식과 정보가 아니라 사고력을 향상하는 데 모든 초점이 맞춰져 있습니다. 생각하는 것이라든지 사고하는 것 등 생각이나 사고가 들어가는 것들을 할 때 우리는 점점 작아집니다. 저만 그런가요?

이렇게 직접적으로, 어떻게 보면 노골적으로 생각하라는 훈련을 하게 될 줄은 몰랐습니다.

시간이 흘러 이론 수업 후 실습시간입니다. 이제 써야 합니다. 질문에 답을 써야 하는데 써지질 않습니다. 작가님의 독려와 처음이라는 생각에 마음을 내려놓고 일단 꾸역꾸역 씁니다. 다시 한번 강조하지만, 손에 잡고 있는 필기구로 써야 합니다. 타이핑 즉, 키보드를 쓸 때는 인터넷이나 노트북에 머릿속 내용을 아웃풋할 때 씁니다.

그런데! 질문에 답을 쓸 때 생각지 못한 답변을 내가 적고 있었습니다. 신기한 경험이었습니다. 책의 내용 중 안 보이던 부분을 본 것 같기도 하고 어떤 사건의 방향을 읽었다는 생각이 들기도 합니다. 이 부분은 김병완 작가님의 질문에 대답하다가 알았습니다. 키보드로 타이핑할 때는 할 수 없다고 합니다. 손으로 기록할 때만 나타나는 현상이랍니다.

본격적인 생각하기 수업이 되겠습니다.

끝으로 더 많은 분이 이런 경험을 해보았으면 좋겠습니다.

초서 독서법 3주 차 후기

초서 독서법 1, 2, 3, 4단계를 지나 마지막 5단계를 배우는 날입니다.

2주 차 3, 4단계의 경험을 들으니 어느 분은 초서에 빠져서 자기도 모르게 초서를 계속하고 있었다고 하고, 또 다른 분들은 잘하고 있는지 아닌지 초서를 하고 있긴 하지만 궁금하다는 의견도 있었습니다.

이제 1일 1권 초서를 1~5단계까지 완전하게 해야 하는데, 자발적으로 해야 해서 힘들면 포기하는 사태가 많고 누군가가 독려를 해줘야 수월하게 된다고 합니다. 궁극적으로 5단계를 하기 위한 토대가 1~4단계이며 다시 말하면 1~4단계가 잘 되어 있어야 5단계 의식이 잘 나온다는 것입니다.

무섭고 힘든 초서 노트가 6개월 뒤 180권의 초서 노트! 기대가 됩니다.

저의 경우 퀀텀을 듣고 600에서 3000으로 올랐으나 퀀텀 이후 김병완 작가님 책을 읽어보면서 퀀텀에서 초서 독서법으로 변경해야겠다고 생각을 했습니다. 아무래도 퀀텀 한 가지 가지고는 안 되겠다 싶었습니다.

초의식 독서법 책에 초식 독서법에 대해서 나온 부분을 보면 이해는 되지만 구체적으로 어떻게 해야 하는지 답을 찾지 못했습니다. 그래서 초서가 아닌 필사를 하기 시작했습니다. 일단 손을 사용하는 거니까 필사부터 해봤는데 시간이 너무 오래 걸리고 손가락도 아픕니다. 이때는 어떻게 생각을 해야 하는지 뭘 해야 하는지 몰라 무작정 필사를 했던 시절입니다.

몇 권 필사를 하다 어떤 책의 필사를 마무리해 가는데 뒷머리가 갑자기 엄청 아프기 시작했습니다. 그런데 좀 지나자 엄청 시원해지는 게 아닙니까! 꼭 머리에 마사지를 받는 느낌이었습니다.

이때 필사도 도움이 되는구나 체험을 하게 됐습니다. 그 후 목차 보는 시선이 좀 달라졌습니다. 뭐라 설명을 할 수 없지만 말입니다.

이런 도움이 있기는 했지만 왜? 어떻게? 해야 하는지 모르는 답답한 기분이 많이 들었습니다. 흔히 말하는 끝이 어딘지 모르는, 내가 어디에 있는지 모르는 그런 기분. 더 배워야 하는데 배울 수 없는…. 그런데 초서 독서법을 강의한다는 말에 얼마나 기뻤는지 모릅니다. 초서 노트는 이제 온전히 나 자신에게 공이 넘어온 것입니다. 정말 나 자신만 잘하면 된다!!!!!

초서를 듣는 분들을 위한 팁

1주 차 수업 후부터 1권을 다 초서하려는 마음으로 덤비지 말기를 바랍니다. 힘들면 자기도 모르게 포기하게 될 수도 있습니다. 초서를 해야 하는 양이 많으면 자연스럽게 당연하게 포기하게 됩니다. 몸이 아프던가 가족에 일이 생기던가… 밀리기 시작하면 책 1권을 다 초서하는 것은 이미 포기상태가 될 것입니다.

처음부터 다 할 수 없으니 한 만큼 읽은 만큼 초서를 하고 실력이 탄력이 붙어서 한 권 전체를 초서해나가라고 김병완 작가님이 말씀하셨습니다. 초서를 초반에 조금 하다 또는 중반까지 버티다 못하는 것이 아닌 꾸준히 해서 6개월 동안 180권 초서 노트를 만드는 것이 우리에게는 축복입니다.

초서를 해본 사람들은 초서는 필사가 아닌 것을 압니다. 초서 독서법
은 초서를 통한 공부법이자 독서법이자 뇌 훈련법입니다. 초서하는
사람들은 책의 정수를 노략질하는 사람들입니다. 노략질이라고 하니
부정적으로 들리는 사람들이 있을 텐데 책의 정수는 항상 거기에 있
었고 항상 있을 것이며 지금도 있습니다. 다만 책의 정수를 가져갈 수
있는 독서법이 초서 독서법일 뿐입니다.

한 권을 다 초서하기엔 현실적으로 힘들어서 어떻게 해야 하나… 생
각을 하다 다산 정약용 선생이 말씀하신 삼근계가 생각이 났습니다.
부지런하고 부지런하고 부지런하라. 한 권을 처음부터 다 초서를 할
것이 아니라 읽은 만큼 하는 것을 부지런하고 부지런하고 부지런하여
180권을 하자는 얘기라고 말하고 싶습니다. 사실 내가 자신에게 하는
말입니다. 너무 욕심부리지 말고 부지런히 꾸준히 하라고 말입니다.

꼭꼭 들은 것은 녹음해서 또 들어보도록 하는 게 정말 중요합니다. 다
안다고 생각했던 그것을 들으면서 멈추고 초서해서(기록하고 생각하
고) 들어봤으면 좋겠습니다. 단, 시간이 많이 걸립니다. 저도 아직 1주
차밖에 못했지만, 해보면 수업받을 때와 느낌이 정말 많이 다릅니다.
많이.

왜 이런 말씀을 하셨고 왜 그렇게 표현을 했고 등등 그냥 듣는 것보다
들려오는 또는 생각나는 양이 정말 달라집니다. 또한 정리되고 있다
는 느낌도 듭니다.

초서는 텍스트의 내면을 보게(?) 하는 힘이 있습니다. 정말 눈으로만 읽으면 넘어갔을, 의미부여를 하지 못했을(당연히 그 사실/의견 등을 인지하지 못했을 것이므로) 것을 가지고 나와서 의미를 부여합니다. 생각과 생각이 교차되면서 의미가 없던 것이 의미가 부여되고, 의미가 부여되니 이 사실이나 의견으로 또 다른 것이 나오게 됩니다. 어디에서 어떻게 생각을 멈출지는 본인만이 알 것입니다.

이제 펜을 들고 초서를 하면서 독서를 합시다!
이 글을 읽는 당신이 생각하는 이상으로 초서는 당신을 생각의 세계로 초대하고, 꾸준한 초서는 당신의 뇌 네트워크를 천재의 뇌 네트워크로 만들어줍니다.

◆ **초서 독서법 1기** ◆ 이○○님 ·····································

오늘 퀀텀 독서법 24기 3회 수업을 마쳤습니다.
퀀텀 독서법은 꾸준히 훈련하면 속도는 충분히 올라갈 것 같습니다.
초서 독서법 1기를 진행하며 6일 차 되었는데 저의 생각이 조금씩 변화되는 것을 알아차립니다. 아니, 생각의 알에서 깨어나 글에서 행동에서 변화가 일어나는 것이 느껴집니다.
예를 들면 담배가 좋지 않다고 상대에게 이야기를 하면 상대는 알고 있다고 답을 합니다. 이것은 생각으로 아는 것이죠.
초서를 하고 나서는 금연 1일 차에 들어갑니다.

저는 이것을 '안다'라고 하는 것이라고 생각합니다.

안다고 생각하는 것과 아는 것의 차이.

생각이 바뀌고, 글이 바뀌고, 행동이 바뀌는 초서 독서법.

한번 느껴 보시지요. 대박입니다.

◆ 초서 독서법 1기 ◆ 우○○ 님 ···

초서 훈련 커리큘럼을 통해 독서의 다양한 차원을 발견했습니다.

단순히 '글 읽는 방법'을 배우는 것을 하나의 선으로 본다면 1차원 독서가 될 것입니다.

글이 아니라 '책을 읽는 방법'을 배우는 것은 평면적인 기법으로 2차원 독서라 할 수 있습니다.

책을 읽은 후 '초서를 훈련하는 것'은 입체적인 기법이며, 3차원 독서가 될 것입니다.

내 초서 내용이 '날이 갈수록 발전하는 과정'은 시간 개념이 포함된 4차원 독서라고 보고 싶습니다.

저는 초서 훈련 1기 수업을 들으면서 4차원 독서의 새로운 세계를 접하게 되었습니다.

앞으로 4차원 독서의 즐겁고 의미 있는 여정이 기대됩니다.

또 각자의 크게 달라진 모습이 기대됩니다. 화이팅!

부록5   세 가지 이상의 독서법 활용 팁

나의 3단계 독서 기술이기도 한 이 방법은 퀀텀 독서법과 초서 독서법을 서로 보완하여 독서 효과를 극대화하는 최고의 콜라보 독서 기술이다. 다산 정약용도 세 가지의 독서법으로 독서를 했다고 한다. 독서법은 하나의 도구이며 연장이다. 나 역시 다양한 독서법이 필요하고, 실제로 다양한 방법으로 독서를 한다. 때로는 속독으로, 때로는 정독으로, 때로는 숙독, 때로는 통독, 때로는 초독(초서 독서)으로 한다. 그림을 잘 그리려면 다양한 색깔이 필요하고 다양한 크기의 붓이 필요하듯, 목수에게도 다양한 크기의 칼과 망치와 도끼가 필요하듯, 독서를 잘하려면 다양한 독서 기술이 필요하다. 내가 성격이 다른 여러 가지 독서 기술을 활용하는 방법을 이야기하면 이렇다.

도서관에 가면 먼저 나는 퀀텀 독서법을 사용해서 많은 책을 읽는다. 서재를 다니면서 마음에 드는 책들을 다섯 권에서 열 권 정도 뽑아서 먼저 책상에 가지고 온다. 책상에 올려둔 책을 차례로 퀀텀 독서하면서 조금 빠르게 읽는다. 처음 읽을 때 책의 모든 내용을 100퍼센트 이해하고 기억하려는 것은 욕심이다. 최소한 한 권이라도 제대로 이해하려고 한다면 세 번 이상 정독을 해도 절대적으로 부족하다.

퀀텀 독서를 통해 책의 내용을 빨리 파악하는 것은 책의 수가 많아진 현대에 더욱 필요한 독서 기술이다. 과거에는 읽을 책이 턱없이 부족해 암기가 최고의 선택이었지만, 지금은 같은 주제의 책이 너무나 많고, 엄청나게 많은 양의 책이, 놀랍게 빨리 업데이트가 되어 나올 만큼 발전 속도가 빠른 시대에 살고 있기 때문에, 과거와는 다른 다양한 성격의 독서 기술이 필요하다.

퀀텀 독서로 열 권 전후의 책을 읽은 후 그다음 독서 기술이 바로 초서다. 읽은 책을 모두 초서하는 것은 현명한 선택이 아니다. 한 번 정독하여 내용을 아는 것으로 충분한 책들이 있기 때문이다. 열 권의 책 중 서너 권을 선별해 그 책들만 초서를 한다. 초서를 하며 책을 처음부터 끝까지 다시 읽으면, 한 번 읽은 것이 아니라 두세 번 읽은 효과가 생기고, 내용이 훨씬 더 깊게 이해가 될 뿐만 아니라 기억도 오래 남는다. 내게 필요한 주제의 책을 초서하며 깊고 넓게 다양한 각도로 사고할 수 있게 되고, 생각이 풍성해지며 정확해진다. 이렇게 며칠 동안 도서관에서 책을 읽으며 초서를 한 책이 열 권 이상 되면, 그중에 서너 권을 선별해 숙독을 한다.

숙독 독서법에 대해서 간단하게 설명하면, 정독의 단계를 초월하여 한 권을 완전하게 마스터하는 독서법이다. 매우 정밀하게 책을 읽고 완벽하게 이해하고 숙달하여, 그 분야에서 도통한 전문가가 되게 하는 독서법이다. 이 숙독 독서법을 자주 실천했던 독서가는 이황과 이

이가 있다. 이황과 이이는 숙독하여 모든 뜻을 이해할 뿐만 아니라 한 권의 책을 통달할 때까지 읽고 또 읽는 정밀한 독서를 했는데, 이 독서 기술은 초보자가 따라 하기에는 무리인 것이 사실이다. 나도 1단계와 2단계 독서법을 위주로 독서한다. 3단계 독서는 그야말로 박학다식하고 수준 높은 지식인들이 주로 활용할 수 있는 최고 수준의 독서 기술이다.

숙독 독서법은 다른 말로 슬로 리딩slow reading이라고 하는데, 슬로 리딩이라고 우습게 보거나 얕잡아 봐서는 안 된다. 슬로 리딩도 급이 다르고 종류가 다양하다. 지금은 슬로 리딩을 말 그대로 천천히 읽으면서 생각을 많이 하는 독서법이라고 여기지만, 우리 선조들의 숙독은 지식적으로 그 분야에 전문가가 되는 일반인들이 따라 하기 힘든 수준 높은 숙독임을 알아야 한다.

요약하자면, 내가 자주 사용하는 독서법은 아래 세 가지이다.

첫 번째는 내가 만든 퀀텀 독서법이다.
두 번째는 정약용의 초서 독서법이다.
세 번째는 이황과 이이의 숙독 독서법이다.

이렇게 세 가지 독서법을 병행한다.
퀀텀 독서법은 수평 독서이고, 초서 독서법은 수직 독서이다. 두 가지 이상의 독서법을 잘 조합해 독서를 해야 한다는 사실을 명심하자.

굳이 퀀텀과 초서가 아니어도 좋다. 독자들에게 더 좋은 독서법이 있다면 그런 독서법을 둘 이상 조화롭게 배치하여 활용하는 연습을 하는 것이 중요하다.

읽고 가려 뽑아 내 글로 정리하는 힘

초서 독서법

1판 1쇄 발행 2019년 4월 19일
1판 8쇄 발행 2023년 6월 16일

지은이 김병완
펴낸이 고병욱

기획편집실장 윤현주 **책임편집** 장지연 **기획편집** 유나경 조은서
마케팅 이일권 함석영 김재욱 복다은 임지현 **디자인** 공희 진미나 백은주
제작 김기창 **관리** 주동은 **총무** 노재경 송민진

펴낸곳 청림출판(주)
등록 제1989-000026호

본사 06048 서울시 강남구 도산대로 38길 11 청림출판(주) (논현동 63)
제2사옥 10881 경기도 파주시 회동길 173 청림아트스페이스 (문발동 518-6)
전화 02-546-4341 **팩스** 02-546-8053
홈페이지 www.chungrim.com
이메일 cr1@chungrim.com
블로그 blog.naver.com/chungrimpub
페이스북 www.facebook.com/chungrimpub

ISBN 978-89-352-1272-9 (03320)

※ 이 책은 저작권법에 따라 보호를 받는 저작물이므로 무단 전재와 무단 복제를 금지합니다.
※ 책값은 뒤표지에 있습니다. 잘못된 책은 구입하신 서점에서 바꾸어 드립니다.
※ 청림출판은 청림출판(주)의 경제경영 브랜드입니다.
※ 이 도서의 국립중앙도서관 출판예정도서목록(CIP)은 서지정보유통지원시스템 홈페이지
　(http://seoji.nl.go.kr)와 국가자료공동목록시스템(http://www.nl.go.kr/kolisnet)에서
　이용하실 수 있습니다.(CIP제어번호: CIP2019010450)